*Lin Ruoning: Author Behind the Lyrics*

La Rinconing. Author Behind the Lyrics

# 林若寧——藏在歌詞後的人

張書瑋 著

Special thanks to Jasper Li, who has been sharing and bearing along this journey, and Zowie Li, with whom, a conversation inspired and recharged me again to think and consider more.

# 目 錄

# 總序

　　毋忘初衷。二十多年前拙作《香港流行歌詞研究》序言寫道:「研究香港流行文化是細水長流的工作。」當年因為九七回歸,香港文化漸漸為人重視。時移世易,近年香港文化因為中國崛起而於學院再被邊緣化,在流行場域亦日漸褪色。跟紅頂白在所難免,於是不斷有人說香港粵語流行曲已死,甚至將之歸結到詞人的文字水平。本叢書希望借香港詞人專論,釐清流行歌詞的價值,也藉此延續香港流行歌詞研究這項細水長流的工作:「天空晴時,雷霆來時,它都長流。」著名歷史學家葛兆光曾以〈唐詩過後是宋詞〉為題,說明凡一代有一代之文學,認為若流行歌詞「多一些〔語言〕機智和〔文化〕內涵」,我們未嘗不可迎接流行歌詞的時代。既有語言機智亦具文化內涵的香港流行歌詞,可能是過去幾十年在香港影響力最廣的文類。

流行歌詞算不算是文學作品？這個問題一直同時困擾喜愛和批評流行歌詞的人。過去十多年我曾多次出席大大小小的官方非官方講座，可見流行歌詞還是有人關心，年輕人對流行歌詞很有興趣，但學院課程對此並不重視，學生們苦無機會以流行歌詞為研究課題。不少有興趣研究流行歌詞的學生及研究生都有此憂慮：參考資料不足，流行歌詞欠學術認受性，以此為研究題目就恐怕事倍功半，最後寧願穩穩陣陣的研究唐詩宋詞，總勝冒險專論流行歌詞。近年不少詞人先後出版自己的精選唱片，明星級詞人更舉行「演作會」，2015 年我亦有機會協辦香港書展的「詞情達意：香港粵語流行歌詞半世紀」展覽，可見流行詞人相當受人重視。然而，文化產品的「合法化」過程牽涉複雜的論述機制實踐，首要的還是認真的研究。近年已有較多有關粵語流行曲的專著，但還是未見有系統的詞人專論。要推動流行歌詞研究，歷史整理、作家專論和文本分析都不能或缺，而除了論文和專書外，詞人系列也是「合法化」的重要條件。

　　「香港詞人系列」是多年素願，如今可以實現，我得感謝中華書局，特別是黎耀強先生的信任和推介。新一批專書轉由匯智出版，這些年來屢承羅國洪先生臂助，實在不勝銘感。黃志華兄亦師亦友，多年來走過的歌詞路並不孤單，全賴他的支持和指導，謹此再表謝忱。要獨力承擔一整冊詞人專論委實不容

易，本系列的作者在百忙中拔筆相助，對此我實在感激不盡。諸位作者各有專精，學術訓練有所不同，行文風格和研究角度亦有差異。雖然作為叢書，但本系列並沒採取如評傳之類的統一格式，亦不囿於學院規範，寧可多元並濟，讓作者以自己的獨特角度探論詞人詞作。畢竟香港流行歌詞以至香港文化的特色，正在於其活潑紛繁。最後，且以拙作《香港流行歌詞研究》新版序的話作結：時勢真惡，趁香港還有廣東歌。

朱耀偉
2016 年 6 月原序
2021 年 7 月修訂

# 前言
# 林若寧，作為風格

　　林若寧的風格，是否一種方法，或者說是否一種可以歸類的文學風格，這也許充滿了不確定性。先暫且不討論他早期寫過的音樂劇／舞台劇歌詞，那與流行歌詞的創作重點不盡相同。以林若寧自己的話來說，他明白流行歌詞是要為歌手和旋律服務的，甚至他喜歡旋律給歌詞帶來的限制。正如他以與本名完全無關聯的筆名寫詞，將生活中的自我與作詞者分開，這些都影響了他一直以來的歌詞創作，也融為他早期風格的一部分。他是觀察者和陳述者，講述別人的故事，講述歌手的想像，盡量無悲無喜，可堪是一位「歌詞後的人」。

　　或許其中一個分別是，林若寧的歌詞讀來總是有一種平常人的自覺。他在許志安大碟《In the Name of...》的文案中評價林夕作詞的〈陳大文〉：「我畢業

唯一一份應徵過的工就是面對林夕,所以一直對號入座以為老爺在寫我。後來參悟道理,我們也是這樣長大的。」

竊以為當年這自我認知某程度總結了林若寧的填詞身份。他所表達的內容,與不少前輩詞人作品中潛藏的知識分子認知不同,他總是把自己放在普通人的位置。這位置也許決定了林若寧歌詞的口吻與風格,當詞人用作品講述一個故事或一種理念,他們會考慮將自己的視點放在作品中的哪個位置,他們要怎樣用歌詞與聽眾對話。

很多前輩詞人也會將自我感受放入歌詞,不過其中他們身為創作者的自我仍然遠遠大於其身為聽眾的自我。林若寧代表着另一個世代,這個世代以聽眾的身份經歷過八九十年代流行文化最鼎盛的時代,受到深刻的影響,前輩所留下的很多名作或習慣,變成了他們創作前行路上必須處理的課題,也是極為受用的養分。他減低作品中作詞者的主體意識,是本地音樂工業商品化到頂點之後業內的一種共識。在八十年代,不少作詞人任職唱片公司,他們往往會有類似創作感受,他們將這樣的經驗傳遞下來,因此作詞人對自己的位置都有定論。以至於現在有公關稿說某歌手給一位詞人寫了好幾千字自己的理念,只為要詞人幫他打造一首能表達自己心聲的歌詞。

說林若寧是歌詞後的人，認真閱讀過他的歌詞之後你會發現，他很少用一種真實自我的邏輯去建立歌詞的根基，他的歌詞多以故事和畫面作串連，用展示和陳列的方法去描述一種世界進行中的演變。最早期的作品比如〈照相本子〉，或者他本人未必很喜歡的包碟創作（鄧健泓《新居入伙》全碟），都是以描繪為主，試圖勾勒大眾最能認同的情緒。

　　這也是為何〈笑忘書〉是他階段性的重要作品，相對早期的很多歌曲，〈笑忘書〉沒有怎麼着墨「我」的輪廓，但卻加入了不少更感性的想法。我們可以討論林若寧在淡化第一視角時，如何遣詞造句，加入觸動人心的情感。

　　也是因為林若寧開始寫流行歌詞時，廣東歌在內容上產生了又一次變化。八十年代有詞人將文學、電影等流行文化寫入歌詞中，但只是偶爾為之；到九十年代變得頻密，而 2000 年之後幾乎就比比皆是了。引領這股潮流的不是某一兩位詞人，而是大部分作者都這樣做，也反映出流行歌曲受眾可以接觸到的流行文化內容愈來愈廣，林若寧有許多作品都有很強烈的內容雜糅。他大量使用電影名、書名以及漫畫、偶像、電玩等放入歌曲之中。當中尤其大量引用張愛玲和亦舒的作品，足以印證這兩位作家在香港創作者群體中的地位和份量。

林若寧說自己並沒有刻意要令人看到各種不同的元素，而是本來在成長過程中就深刻地受到各種潮流的影響。這種被各種符號圍繞的成長，以及前文所說被本地鼎盛的流行文化圍繞的過程，不僅是他成為創作者的必經之路，也反映了這座城市及其中的連結對後來者的薰陶。

相比起他的前輩詞人們，林若寧的出現是流行文化蓬勃發展到一定階段的必然。八九十年代的香港流行音樂成為當時青少年生活的一部分，成為他們溝通的符號及密碼。林若寧的歌詞，以及聽眾的閱讀方式，正正就是這種生活土壤形成的默契。從主題、措辭到韻律，林若寧的歌詞創作承接兩個「偉文」[1]，將流行歌詞視為文化及生活方式，再將其放入新的作品，仿若一種循環。這些都在林若寧不同階段的創作裏得到印證，比如〈悲歌之王〉、〈教我聽情歌〉等歌曲都反映出林夕作品的痕跡。林若寧也使用了大量相互關聯的手法引導聽眾的聯想，有的是歌名之間的互指（比如〈男孩最痛〉和〈給情敵的情書〉的歌名噱頭，可能讓人想到的是〈男人最痛〉和〈給自己的情書〉），有的是歌詞內容的互文（比如同在李克勤《Threesome》內的〈冇〉與〈有為青年〉放在一起時就產生互文關係）。早期他

---

[1] 兩個「偉文」，指林夕和黃偉文；林夕原名梁偉文。

自認為《新居入伙》不成功，後來與林夕合寫的兩張概念大碟《In the Name of...》及《Threesome》都受到肯定，他對歌詞的結構和深度也有了更深的認識。

討論林若寧的歌詞，也像是一個陳列的過程。展開一首首歌詞，與其猜度詞人要用這些歌詞講甚麼主題，可能更有把握是去想像怎樣的環境和作品引發他做出了後來的創作，他的文字呈現了某一群人怎樣的經驗。在「拿來主義」與個人體驗交織之下，林若寧從最初與林夕合寫歌詞的「小林」，成為了今天備受行業肯定的作詞者。縱然他如今已經是很資深的創作人，每每閱讀到他的歌詞，總覺得他不是暢談匹夫之責，而是跟這一世代肩並肩同面對着巨浪的人。

本書試着從幾個角度來討論林若寧的作品：歌詞中所反映的作者與作品間的關係；他如何書寫個人喜歡的主題；作品之中所體現的成長經歷和本城文化。本書會討論林若寧部分重要的代表作，並附錄一個在寫作本書前與他進行的專訪筆錄。書中文章着重參考了黃志華、朱耀偉、梁偉詩合著之《詞家有道 —— 香港 19 詞人訪談錄》（匯智出版），以及林若寧過往為歌詞所作有公開紀錄（在正式發行的相關唱片內）的眉批。

# 林若寧
## 作 品 討 論

# 用情歌學習

在倫永亮的第三張大碟，林振強為他寫了一首歌：〈鋼琴後的人〉。這首歌詞點明了倫永亮的創作工具，也點明了他與歌曲、他與演奏之間的關係。林振強的歌詞塑造了一種倫永亮的創作人格。明明英文中叫做 "Piano Man"，中文一改寫，人與物之間的處境躍然紙上，鋼琴也不只是器具而已，寡言的創作者與鋼琴能夠對話，既有位置感／空間感，又有擬人意味。

當欣賞林若寧的歌詞作品，以及與他做面對面訪問，突然迸出一個念頭，就是不妨將他稱為歌詞後的人。他腼腆，甚至沉默；他將真實的自我與創作人格分得很清楚；他也放手讓人去演繹、「二創」及評判自己的歌詞，自己隱藏在這些詞作的背後，也曾想過讓自己消失。林若寧與其作品的位置關係，即是他的特色與創作印記。

在他最早期的幾首正式商業發行的流行歌詞中，林若寧幾乎已經寫出了自己與歌詞的淵源。他加入商台之後，林夕是他的上司，同時也是將他引入歌詞創作道路的老師。私底下，他也早已受到林夕歌詞的影

響。林若寧說，他浸入到林夕的歌詞裏，關於人生的知識有大部分都是從林夕的歌詞中學習而得，學到的中文也大部分來自林夕歌詞。

他的第一首流行歌詞作品，即與林夕合寫，是陳曉東的〈另一半〉（2000）。成稿之後，在錄音室發現無法演唱，林夕當場修改了一稿，最後的成果是兩人一半一半，因此作詞署名為「小林」。第二年，林若寧正式開始以個人名義發表歌詞。方力申的〈教我聽情歌〉可算是帶着自白式的感觸。

標題中的「教」字，與林若寧所講——以流行歌詞「學習」——互為參照。方力申以青澀的唱腔，讓這首「感時花濺淚」的歌更有了成長陣痛的真實。歌詞包含了兩個維度：一面是第一視角「我」吐露歌詞對自己的意義；一面是「我」的言談中潛藏着「我」的失戀之痛。流行歌詞本身的功用之一是直接代聽眾抒發情感，令人投入其中。〈教我聽情歌〉即試着跳出歌詞這種介質，去探討介質本身。這是一種「後設」（meta）手法，用一首情歌的歌詞去討論「情歌歌詞」這種形式的本質——在這首歌內，討論的顯然是歌詞幫助聽眾得到情感的成長。

是你教導我　從頭學歌曲中語句
為何未可參透便放低我

直至這夜我獨坐　才明白眼淚會唱歌
一聲「你」字都可咬傷我

<〈教我聽情歌〉>

.........................................................................

　　「後設」手法用在歌詞之上，早已有之。其中最廣為流傳的作品可能是林夕所寫的〈K歌之王〉（陳奕迅），〈K歌之王〉的創作手法不簡單，除了用歌名串連成有意義的句子和段落，也是以一首K歌去反思「K歌」這種形式。只不過，〈K歌之王〉的解析角度是從唱歌的人出發，而〈教我聽情歌〉是從聽者出發。前者以討好的姿態，但徒勞且疲憊；後者則聽來有心，有所收穫。聯繫兩首歌詞，很容易想到陳昇所寫「寫歌的人假正經，聽歌的人最無情」。不過林夕筆下是唱歌的人表錯情，林若寧筆下是聽歌的人最煽情。

　　林夕無可否認影響了幾代聽眾與創作者，這也不是他第一次被其他作者寫進歌詞。「情緒再下挫／憑林夕悉心安慰我」可能是在描繪一種文化現象，也可能是一種自白。歌詞中的「我」從淺層上理解是一個因情歌感懷自身的愣頭青，也可以認為是林若寧無意中在夫子自道，寫出了自己聆聽林夕作品的感受。林夕的歌詞既是創作的範本，也是情感疏通的工具。

情緒再下挫　憑林夕悉心安慰我

為何未可衰老便放低我

代替你在抱實我　全部是唱着「愛」的歌

彷彿我是得寵那一個

〈教我聽情歌〉

...................................................................

　　當林夕寫〈K歌之王〉，詞中塑造的主角是一位
唱 K 歌之人，林夕以置身事外的角度去描寫演唱者的
心聲，完成解構與反省。〈教我聽情歌〉的「我」是
聽眾，卻與林若寧的經驗有所重合，聽歌落淚的細節
或為想像，但聽者身份極為真實。

　　林若寧的這首創作，無形之中表明自己的位置，
他是一位歌詞作者，同時他也是多年聆聽流行歌曲的
一位聽眾。歌詞的功能與意義，是林若寧的創作源頭
（因聽流行歌而收穫知識），是他成長的生活方式和創
作風格的重要因素（哲學觀與遣詞造句受到影響），
林若寧的聽者經驗能幫助他以更多解構或者重建的方
式去思考歌詞創作。因此，才有了前文所說，他與「歌
詞」這種創作形態的位置，構建了他的歌詞創作理念。

# 打開照相本子

楊千嬅在 2000 年推出的雙唱片《Play It Loud, Kiss Me Soft》大受歡迎,她在翌年加入新公司推出同名專輯《Miriam》,正式邁入事業上升期。

林若寧與楊千嬅結緣也是始於這張專輯。他在唱片之中為楊千嬅填了兩首詞,一是〈照相本子〉,一是〈悲歌之王〉。唱片之中其他作詞者似乎深知楊千嬅的風格與定位,歌曲大多有強烈的自我意識和自省意味。林若寧的兩首卻不是如此,他寫的歌詞有一些壓抑,但不是感懷自身,就算是開宗明義的〈悲歌之王〉,其中也是詠嘆多於自哀。

明明我起舞像羽毛　任我輕飄飄都跌倒
難令我羨慕　蝴蝶撲不到晨早　翅膀遲早都衰老

為何要斗數問我前途　愉快這麼少不要數
甜蜜有限度　期望哪可過分高　俯瞰風光也恐怖

神只會歧視我　禱告假裝聽不到
逼迫悲觀的少女窮途無路

唯有絕望　彈盡世間各樣好　堅決拒絕祈禱

〈悲歌之王〉

.........................................................................

　　〈悲歌之王〉的悲傷都是抽象的，以情緒為主。
第一段即已起飛，「輕飄飄都跌倒」。一直用「蝴蝶撲
不到晨早」、「翅膀衰老」、「俯瞰風光」等修辭手法
來避開真實生活中的柴米油鹽。第二段則用美味葡萄
做比喻，也是絕口不提現實，整體來看是形而上的情
歌。林若寧進入副歌之後，讓歌中主角談論神蹟，講
自己的絕望，但直到結尾也並不點明為何。

　　反而〈照相本子〉是一首極其具象的歌。標題為
物件，林若寧寫的是一人觀看自己相集的感受。相較
於〈悲歌之王〉，〈照相本子〉的整首歌詞都不斷在試
着重組當事人拍照時的情景，或者在向聽眾描述相中
有何人何事，但沒有感觸。

　　詞人使用了許多形容美好的詞彙，比如溫柔、
幸福、歡笑、甜蜜等等。不過這些字眼都不是讓歌
者／歌中主角直抒胸臆，它們只是在修飾當年的相中
人事。

重溫　在公園繞半周　一個大鏡頭
重逢兒時木馬面帶溫柔　總給我問候

重溫　舊照中一杯雪葩　不會被溶化
望着舊時幸福
親他一下　甜蜜滿嘴巴　放天大假

回頭又對焦　光圈裏春季候鳥　一隻沒缺少
如何流淚叫嚣　到最後——沖漂
相片記載只得歡笑

舊照還快樂嗎　在歲月靜待開花
追逐昨日童話
與背影捉迷藏　白晝去找星宿　倒流沙漏

……

舊友還快樂嗎　在唱遊日月背後
抱我兒時玩偶　看看這張擁抱小狗
看看那張堆砌沙丘　看看這張歡笑的木偶

〈照相本子〉

………………………………………………………………

　　這兩首歌詞放在一起比較的樂趣遠遠大於分開
欣賞。一首是聚焦到極度細節的位置：捉迷藏的背
影、捨不得溶化的雪葩、木偶的笑容等等；一首是
現實苦不堪言，只剩最性靈的疑惑。前者情感無比
外露，但又像毫髮無傷；後者的態度無比收斂，平

淡之間似乎又有萬千思緒。曲風則一中一西,也有趣味。

在整張欲言又止的《Miriam》大碟中,林若寧的兩首作品也沒有例外,但與其他歌曲又明顯有所區隔。其他歌曲之中大多有具體的煩惱(除去最意識流的〈深紫色〉),〈悲歌之王〉與〈照相本子〉似乎並沒敞開心扉。〈悲歌之王〉之中固然是痛到若無其事,但如果那些痛苦全都只剩暗語,整個悲劇大概也只是一個故事。不落地的故事便似乎只是一種修辭。至於〈照相本子〉,作詞者沒有去繪製一張大的藍圖,卻多少藏了好些情緒在背後。

# 從〈飯島愛世界〉到
# 劉美君三四首

　　據聞黃偉文所寫的〈零號〉曾經被投訴過，投訴者認為歌詞內容違背了教徒接觸到的《聖經》內容或教義。林若寧寫的〈悲歌之王〉也被投訴過，原因也是類似，有信仰的聽眾不喜歡主歌的措辭方式。在香港這個保守社會，流行文化往往會受到保守社群的檢視，某程度上，這種檢視和不滿讓很多流行曲停留在次文化圈層內，秉承了一些小眾的氣質，在這空間裏，林振強、林敏驄、周禮茂、周耀輝都寫過很多反叛意味濃烈的歌詞。

　　林若寧初開始填詞時，本沒有給人一種詞風尖銳的印象，聽眾不會將他歸入這一類風格中討論。不過細讀他的很多歌詞，卻能感到綿裏藏針。林夕寫〈少女的祈禱〉並非想要去質疑「祈禱」這動作，以之延伸的〈悲歌之王〉反而踏出了這一步。它與〈零號〉都在營造「當祈禱無用」時，個人所能感受的無助。因〈悲歌之王〉多重的創作背景——歌名是對〈K歌之王〉的化用；內容融入了楊千嬅在華星時期的其他歌詞橋段；同時也是廣播劇主題曲——其中的反叛意

味相對溫和。隨資歷增長，林若寧也逐漸將自己這種溫和的叛逆寫得愈來愈外露。

　　早期他最具批判精神的歌，一定是〈飯島愛世界〉，也是他多次表示最喜歡自己所寫的一首歌詞。他在訪問中強調過並非喜歡女優飯島愛本人，而是通過她來寫人的偽善。

入夜後我會賦被　拉低窗簾看你獻媚
撳電視和你競技　不必咬你亦覺美味
電視內佈滿暗格　那可遮掩你必殺技
但罪狀排山倒海　你的漂亮犯了禁忌
無人能及你大無畏　吃了你又怕壞腸胃
為何床上戲躲進衣櫃

誰都迷戀　誰敢崇拜
螢光幕太過火太赤裸　也許不能見街
床邊月光　隨便暴曬
誰都能去脫光卸了妝　變得光明正大

全世界說　愛上飯島不是愛
螢幕電視　看錯甚麼都有害
全世界說　要我潔身跟自愛　何不睇資訊台

〈飯島愛世界〉

歌詞一開始就設置第一視角的主角「我」，第一部分主歌寫「我」對飯島愛的虛擬慾望，進入副歌之後則稍為抽離，去談論世界對飯島愛的抨擊和審判。林若寧寫慾望的片段並非直接寫，他用了很多類似影像蒙太奇的手法，半遮半掩，並不露骨。也因為主歌的旋律配器演唱更輕更急，聽覺上到了副歌口號般的聲明才是重點。

李宗盛在 1998 年寫過一首三人合唱歌〈最近比較煩〉，收錄在周華健的《有故事的人》專輯，讓 20 代、30 代和 40 代男性相聚一堂吐苦水，詞中也提到飯島愛：「我夢見和飯島愛一起晚餐／夢中的餐廳／燈光太昏暗／我遍尋不着那藍色的小藥丸」。這是其中一段 40 代男人的心聲。因為周華健本身受眾群年齡很廣，曾經一度是全民偶像，李宗盛用了很隱晦且點到即止的寫法。誰是飯島愛？甚麼是藍色小藥丸？在資訊還未爆炸的世紀末，這對年輕聽眾可說足夠含蓄。

〈飯島愛世界〉推出時，飯島愛已經不再是成人世界專屬的秘密，變成了一個眾人皆知的文化符號。她甚至在 2001 年還參與了電視劇《齊天大聖孫悟空》的拍攝。她不再是禁忌，但是人們會如何談論她呢？

林若寧的歌詞實際寫出了民眾情緒上對飯島愛的一體兩面。因為她的性感，她是許多男性的幻想對象

和慾望投射，也同樣因為她的性感，她是衛道之士眼中無法容忍的罪惡。從主歌的正面反應，到副歌的虛偽和厭惡，手法上從描寫轉為說理，結構上有巧思，意涵上也表達得很公允。在李宗盛的歌裏，飯島愛只是發揮了她一貫在男性眼裏的「功能」，一個性的符號。李宗盛將她的出場處理為夢境，也點出了一種男性潛意識的犯罪感。

〈飯島愛世界〉相對更敢開心扉地寫了這種慾望（儘管依然是點到即止），結合副歌批判和反省的內容，相對更平等地去看飯島愛帶給男性的衝擊，以及她在男性社會裏遭遇的不公。林若寧說自己不擅長香豔的歌詞，在這首歌上似乎算揚長避短，若真的靠得太近，後面的反省可能就站不住腳。在許志安大碟《In the Name of...》中，林若寧為全部歌曲作註解，將〈飯島愛世界〉與〈你是我的銀河〉（林夕作詞）一起討論。林夕將韓國電影《你是我的命運》的劇情改寫成歌詞，討論愛一個人便不該計較污點。兩首歌之間確有類似的說理角度。

這種書寫禁忌題材的手法，林若寧後來又用到了劉美君身上。兩人先合作了一首〈大開色戒〉，後來又在劉美君久違的大碟《The Queen of Hardships》合作兩首歌〈蝙蝠〉與〈一代豔星〉。劉美君出道以來，每一次推出主打歌曲都極具話題性，香港流行歌

曲之中最大膽的廣東歌幾乎都由詞人們寫給了她。她
同樣是乍看之下，與林若寧作品氣質很不相同的合作
對象。

> 誰喜歡議論着我　　請收口
> 戒色禁酒　種花養狗　幼稚也荒謬
> 點解快樂　大家都怕醜
> 夠膽嗌走　冇膽獻醜
>
> 為革命獻身　多麼亢奮
> 即使得不到的永生
> 為愛受炮轟　也為一齣色戒而開心
>
> ……
>
> 王佳芝與易先生壓抑
> 太多嘆息　太少愛惜　變做了宿敵
> 怎麼進入大家的罅隙
> 太多嘆息　太少愛惜

〈大開色戒〉

............................................................................

　　林若寧曾在訪問中坦承，〈大開色戒〉與〈飯島
愛世界〉的創作思路是類似的，寫情慾不是他的強
項，於是轉向批判偽君子與假道德。〈大開色戒〉，從

詞意看，講的是社會輿論為成熟女性所規定的樣板人生，營造出熱愛生活但遠離性慾的假象。這樣的主題劉美君完全可以駕馭，最惹火的恐怕也只是林海峰客串的一句「我在蹺腳蹺實了大髀」。不過詞中也真的有「色戒」，在最後一段林若寧用了王佳芝與易先生入歌，卻也隻字未提當年戲中那一段轟動的情慾戲，點到即止。最後錄製的歌曲版本，劉美君配了不少口白模擬歡好之聲，大概是將原本其實很正經的歌詞加上了自己的個性標籤。

　　婦女向我炮轟　辯論我似哪一類人
　　男兒們無奈將我當做神　每夜洩露發洩聲音
　　口不對心　在報章很多個也口不對心
　　任你歧視我　隨便地打我罵我若你高到似高僧

　　執一塊石頭　盡努力的攻擊我
　　給批鬥　闖了禍
　　反正我的血肉已被鐵鍊鎖了又鎖
　　執一塊石頭　若你沒有偷窺過
　　清高到　不折墮
　　所以我很佩服你做到無可怯懦
　　攻擊我　攻擊我

〈一代艷星〉

〈一代豔星〉將過去〈飯島愛世界〉的議題延伸了出去。過去以世界的眼光看 AV 女優，如今調換了位置，以豔星為主，描述她的遭遇和感受。雖從林若寧自己的角度，他認為自己寫類似題材無法寫得像林振強和周禮茂的作品，但〈一代豔星〉的所謂「拘謹」也是相對而論的。比起劉美君的舊作來說相對腼腆，歌詞內容似乎也是在講人人都懂的道理，以女性視角出發，除了劉美君之外，實際很難找到其他人可以演繹。這也是詞人能夠把握歌手氣質的一種證明。

另一首〈蝙蝠〉像〈大開色戒〉一樣，也利用電影得到靈感。歌詞創意來自朴贊郁執導的《饑渴誘罪》，電影官方海報即以倒吊姿勢製造出奇異和誘人的畫面。朴贊郁的電影常常直擊人性暴烈及陰暗的一面，內容殘酷，有時近乎無情。

> 神聖宗教書　禁書　黑都變白
> 迷魂眼睛美色　禁色　倒吊來觀察
> 倒轉的建築　破屋　飛出一切定格
> 以非一般角度　疑惑　明白　心經佛法
>
> 蝙蝠的眼神　顛覆愛恨
> 一刻的永恆　試問你怎區分
> 蝙蝠觀世人　聰敏愚笨
> 卑污的聖人　清高夾雜黑暗
>
> 〈蝙蝠〉

〈蝙蝠〉開頭寫「神聖宗教書」幾句，是寫電影的男主角神父變成吸血鬼，再與朋友之妻畸戀的故事。林若寧只取其角度，寫吸血鬼化為蝙蝠之後用倒吊的角度去看世人世情，發掘了另一種觀點。因為上下顛倒，所以世俗定義的黑白在這裏有了另一種理解方式。好與壞，是與非，並不能用兩分法解決。也不是行劉美君的香豔路線，倒也是人生哲理一類的歌。

在《The Queen of Hardships》的封面，劉美君戴上荊棘后冠，儼然已從「慾女」變為「聖女」，不只是林若寧，林夕與周耀輝也在唱片內講道理，同一張碟之內最大膽的還是周禮茂。這幾首歌詞是創作者風格與歌手氣質互相協調的結果，記錄了唱片工業的一種常態：歌詞總是多方合作的產物。

# 初次包碟鄧健泓
## 《新居入伙》

　　2003 年至 2004 年期間，香港特別興起一股做概念大碟的風潮。前後有《10 號》（梁漢文）、《花言巧語》（盧巧音）、《遊戲基》（古巨基）等大碟發行，鄧健泓的《新居入伙》也是其中之一。在此前此後，香港固然有不少歌手都做過概念大碟，但與這兩年的潮流有些不同。上述提到這些大碟都在唱片標題與歌曲名上做足功夫，依靠碟名與歌曲名之間的從屬關係，建立一種特有的呈現方式。

　　事後有不少業內人士反思（也包括林若寧），這種概念的做法實際並不是真的生發了一個概念去統領大碟，而是有斧鑿的成分，像是唱片公司與詞人在玩文字遊戲，不是真的由概念去發動歌曲。林若寧曾說過《新居入伙》呈現出來的效果力有未逮，他也盡量不再去聽這張大碟的作品。不過對於當時年資尚淺的他，包碟寫詞是一份值得一談的功課。

　　《新居入伙》收錄的歌曲有〈門外看〉、〈一個鐘之後〉、〈阿琴〉、〈一家之主〉、〈私房菜〉、〈未婚相〉、

〈枕邊人〉、〈大花灑〉、〈甜蜜租約〉、〈一個鐘之前〉及〈世界之大〉共計十一首。在唱片封底有一張設計圖，將十一首歌標示在一套住房的平面圖上，譬如〈門外看〉便真的寫在平面圖的大門位置，〈大花灑〉在洗手間，〈枕邊人〉在臥房，〈私房菜〉在廚房等。但也如林若寧所說，其實歌曲之間並沒有真的對應一個家的構造或家庭關係，有些歌曲之間很明顯沒有聯繫。〈門外看〉講的其實是「我」單戀一位已有伴侶的人，心中想像對方如何幸福，自己心情又如何低落，與家庭元素並無太多連結。

不過在現有歌曲裏，也還是可以找出一個有效的家庭結構。〈一家之主〉寫出了一個廢物父親，〈私房菜〉寫出了一個無私的母親，〈枕邊人〉講了一對長相廝守的伴侶，〈大花灑〉關於都市人在浴室發洩不滿與失落的壓抑，〈世界之大〉雖然是廣告歌，但其中講的是與朋友外出聚會，真是走出家門但又會按時回家的生活寫照。

鄧健泓在《新居入伙》前已經發行過三張大碟，過往歌詞多數將他塑造為憨直好男人，看重家庭氛圍，常被收作「兵」。《新居入伙》的主題本身與歌手契合。在這張唱片內，寫家庭的幾首歌重點刻畫了他的某幾種形象：早熟，有承擔，羞於吐露情感，渴望穩定生活，背負都市的工作壓力。

〈一家之主〉多用口語入歌，兒子對父親的控訴寫滿，口語的使用營造出「麻甩」味。

你　話晒事　我哋一家之主

有創意　有大志　你係我　模範標誌

我放肆　玩諷刺　你話我幼稚

兩父子　乖乖哋　你要我聽住訓示

但係你　亂作當做秘笈　每樣嘢做錯顧住去

亂咁喻乜　你睇我幫我已經天光等到天黑

〈一家之主〉

〈私房菜〉則寫得相當腼腆，整篇詞未提「母親」或「媽媽」的稱呼，甚至也不提「親情」或「家人」，林若寧彷彿用了一種燈謎般的手法，完全從側面書寫，或是全碟水準最高的歌詞。

良朋難比你好　情人難比你高

誰人偉大到令我感動

無奈愛你　像個啞巴吞吐　不隨便洩露

無人比你好　但是這一聲好

為何對着你害怕傾訴

從不怕苦　廚房中起舞

而身影也會漸老

〈私房菜〉

副歌部分「良朋難比你好 / 情人難比你高」等句，完全以比較的手法襯托出母愛偉大，不宣之於口的才是心中所想的。這種謎面式的寫法是為了配合寫華人最不懂得對至親表達情感，因此百般迂迴的措辭，讓「我」笨拙的感動躍然紙上。聽眾聽到歌曲，無需作者揭露謎底，都會對這首歌的主題心知肚明。

雖則《新居入伙》大碟並未讓林若寧滿意，卻也是他創作成長路上的重要紀錄。除了涉及家庭結構的幾首歌，他也為自己設置了一些難題。〈一個鐘之前〉與〈一個鐘之後〉像在玩時間線遊戲，快轉與倒轉，以假設語氣寫「我」對情感的緬懷與感慨。情境描寫頗有王家衛電影的架勢。與他之後參與《In the Name of...》及《Threesome》這樣的大碟比較，便可以看出他不斷變得更加成熟。

# 偷吻，也是獨白

　　林若寧說自己從未刻意要在歌詞中加入流行文化，只因自己成長的過程中無可避免接觸到，他只不過寫出了生活的一部分。於是，在林若寧的歌詞之中，可以見到大量的流行文化元素，電影自然也是其中很大的一個門類。

　　2004 年，楊千嬅推出大碟《電光幻影》，堪稱是她職業生涯迄今最有市場影響力的唱片。其中〈小城大事〉不斷熱播，加上經理人黃柏高「聽到錢掉下來的聲音」之說法，在歌迷中廣為流傳，成為熱話；〈處處吻〉在大陸出版時因莫名的原因被抽起，卻在新世代成為「抖音神曲」，為楊千嬅開拓了大陸市場。

　　林若寧在大碟中只寫了一首非主打歌曲〈偷吻杜魯福〉，放在第九首位置，亦沒有派台。要講這首歌，必然先要講杜魯福。此處的杜魯福是法國新浪潮代表人物，而「偷吻」則取自杜魯福 1968 年的同名電影，是其「安坦·但奴」系列中的第三部。

杜魯福的電影總是去細心觀察人與人之間的關係，描寫難以定義的情感與互動。「安坦・但奴」系列包括四部長片與一部短片，以安坦・但奴為主角，講述他前半生的成長歷程，這系列在早期被視為杜魯福帶有強烈個人經歷的半自傳，而《偷吻》講男主角離開軍隊之後，生活起起伏伏，換了不少工作，在這過程中喜歡上兩個女人。安坦的萬千遐想，似乎都是希望在迷失的細碎生活之中找到寄託，找到自我認同，而最後現實的平淡終於勝過了美好的設想，電影在意猶未盡和若無其事中結束。

> 三更半夜失眠　打搞友好不便
> 對着沉睡手電　聽天發落差點發癲
>
> 〈偷吻杜魯福〉

.........................................................................

　　這種氣質非常符合楊千嬅從華星時代建立起的個人形象（儘管此時《電光幻影》已經是她離開華星後的第二家唱片公司出品）。她是一位日常生活中隨處可見的鄰家少女：她是女主角最好的朋友，是男主角最好的死黨。她的音樂之中帶着與眾不同的少女情懷及語言特色，透露出強烈的自我意識，也流露出自卑及悲觀情緒。

　　整首〈偷吻杜魯福〉，都可以說是歌中的「我」

為了從不開心的生活現實中抽離，借助電影逃避，卻最後不得不又回落到生活現實層面的過程。歌詞寫失眠之後不便找人傾訴，唯有看電影安定的畫面，或幾可以承接〈可人兒〉（黃偉文作詞）中「要是可愛／為何無人愛我」那種對鏡憂愁的少女心事。

> 電話簿裏邊位有我心
> 杜魯福　贈我一套廿齣經典也做完　應該要瞓
>
> 〈偷吻杜魯福〉
> ......................................................................

歌詞中還提到了另兩部杜魯福的電影作品，一是1962年的《祖與占》，一是1973年的《戲中戲》。《祖與占》幾乎算是杜魯福最深刻影響流行文化的作品，戲中三人奔跑的畫面被引用無數次，成為文青消費場所最愛的海報之一。這種兩男一女的友誼關係也被不斷借用，光是在香港流行歌曲中搜索「祖與占」，已可見使用次數之多。

> 杜魯福贈我偷吻
> 悶得只有翻睇你作品
> 讓我哭　是戲中戲十分動人
> 沒有福未夠吸引
>
> 〈偷吻杜魯福〉
> ......................................................................

《戲中戲》相對少一些介入流行文化，這部電影是杜魯福的一次電影實驗，戲中有戲，戲外也有戲，杜魯福不停地轉換視角，令觀眾仿若親臨杜氏的電影世界。電影中有這樣一幕，導演聽女演員訴苦，轉身就將這一段內容寫進電影，讓演員去演出自己過去的情緒。在演出之中，難辨真假的情緒彷彿跨越了虛實的邊界，恐怕「讓我哭／是戲中戲十分動人」是有此意吧。

　　獨白式的歌詞並不容易寫，很容易跌進情緒漩渦，匆匆一筆帶過，失去實感。林若寧在開篇位置爽快地白描出主角無法入睡的情境，再寫無人可以傾訴的寂寞，接下來進入杜魯福的指涉就相當自然，而心事從戲到現實幾進幾出都處理得頗為利落，最後以「應該要瞓」作結。無論是快樂還是悲傷，睡眠是無奈又不得不面對的終結。這種無論如何都必須放下心情的處理，真實卻也殘酷，更回應了主角孤單寂寞的心情。睡與不睡，生活是無力抵抗的齒輪。

# 從成長中
# 難免要學會失望

　　張敬軒主唱的〈笑忘書〉發表於 2006 年，同年，吳雨霏發表了〈給情敵的情書〉。王菲的〈笑忘書〉發表於 2000 年，在同一張大碟《寓言》裏還收錄了同曲的〈給自己的情書〉。兩首王菲的作品均由林夕填詞，張敬軒及吳雨霏的歌則由林若寧創作。《寓言》大碟內的文案這樣解釋「情書」：寫給愛人的自白宣言，比我愛你要詳細一些。「笑忘書」則是「笑着忘記的一封情書」，並標記了米蘭昆德拉的大名。

　　小說《笑忘書》為米蘭昆德拉帶來了國際聲譽，被譽為一本變奏式的小說。林夕借其主題，寫的是要忘記傷害，忘記執着，去學習自愛。林若寧的版本，是忘記另一些情緒：讓年輕人忘記自己受到的挫折。

　　林若寧幾次提及這是他填詞生涯的轉捩點，他的生活經歷了一些事，他開始思考歌詞應該怎樣創作。〈笑忘書〉之後，他對歌詞的標準也發生了改變，認為只要能觸動人的作品就是好歌詞。

曾一貫將個人意識放得很遠，林若寧在〈笑忘書〉中，着實放進了許多感性的細節。選定要寫「笑着忘記」，是要寫方法還是道理？

　　在林夕的〈笑忘書〉中，他一開始就採用勸導的口氣，描述人在戀人離開之後面對的難題；但他隨即將這些難題都否定了，沒有蠟燭就不要慶祝，沒有答案就不要尋找題目。這個版本的〈笑忘書〉是課文，反覆背誦之後其義自見。同曲的〈給自己的情書〉也有類似筆觸。後者完全用了書信體，遣詞造句模仿「我」對自己說話的口氣，「我」就是「你」，「你」就是「我」。

　　林若寧版本的〈笑忘書〉的開頭，則先寫人遇到的絕境。而且這種絕境的寫法是抽象的。背負包袱，跳落峽谷，煩惱用網將你捕捉。這樣的第二人稱，寫出了共感的狀態。儘管非當事人自述，彷彿「我」在猜度發生在另一個人身上的事，準確的用詞讓整個段落非常可信，營造出「我」完全講中他人心事的氛圍。這樣的氛圍奠定了全篇的情感基調，既是互相憐憫，互相支持，也是互相感嘆。

　　有了這個基調，林若寧的〈笑忘書〉就不是課文，而是一次共同治療。「同樣」、「彼此亦有」和「難免」這些詞語令第二人稱並沒有產生疏離感，反而讓「你」

跟「我」產生了一股連結。副歌的道理於是不是教訓，
而是互相勉勵，「何苦多講」的心照不宣，令歌者和
聽眾站在同一陣線。

要　背負個包袱　再　跳落大峽谷
煩惱　用個大網將你捕捉
還是你　拋不開拘束
你　昨夜發的夢　到　這夜已告終
沉下去　頭上散落雨點沒有彩虹
你　還在抱着記憶　就似塊石頭很重

得到同樣快樂　彼此亦有沮喪
童話書從成長中　難免要學會失望
經過同樣上落　彼此墮進灰網
沉溺　煩擾　磨折　何苦　多講

我　快樂到孤獨　我　缺乏到滿足
遊戲　就算愉快不會幸福
人大了　開心都想哭
我　每日要生活　我　每日要鬥苦
捱下去　連上帝亦也許沒法攙扶
我　前路有右與左　面對抉擇難兼顧

〈笑忘書〉

接下來的第二個主歌，林若寧才開始寫「我」，「我」也並不快樂。這一段的補足，令第一段建立的小小懸念被揭開。難怪「我」可以猜中「你」的煩惱，皆因大家都身在同樣的痛苦裏面。如果說第一段寫了一個很漂亮的固定鏡頭，第二段就彷彿是鏡頭移動到了另一個方向，將過去看不到的視野拍了出來。

　　「你」與「我」的連結是這首歌創作方法上最不可或缺的心思，因為這種連結在林若寧過去的歌詞中是很少見的。他常常會選出一個很中心的視角，再從環境等要素去豐滿自己選中的角度。有了這樣的連結之後，〈笑忘書〉就不再是一個故事，一種道理，它將歌手與創作者都放在了一個相對更赤裸的位置。尤其是，兩個視角共感的畫面不是寫實的，也不是生活化的。它們由情緒上的壓迫感找到共鳴，而這種痛苦的莫可名狀，又唯有通過抽象和比喻才能還原這種情緒的紛擾。歌詞既有創作者的藝術人格，也似乎有他們真實的血肉。

　　綜觀這關係錯綜複雜的四首歌，倒只有〈給情敵的情書〉成了最不豁達的一首。主歌部分用書信體口吻，後半加入了一些「我」的自言自語，稍嫌混亂。而那是一首無聲討伐好友情敵的歌，在十幾年之後再看，對女性的態度不太進步。好友搶走另一半，在這首歌中「我」卻隻字未提背叛自己的戀人，似乎試着

寬恕情敵也是一種豁達，大約是完全從市場角度考慮的一首歌詞，比起其他三首有些許落差。廣東歌就是一種奇妙的載體，有時承載着很先鋒的觀點和意識，有時候又有非常保守的觀點和角度在其中。這些不同的歌詞都在有意無意間影響着這座城市。

# 口語入歌詞，
# 性格與形象

　　Eric Kwok（郭偉亮）有多個身份，既是幕後創作者、編曲人、監製，也是組合 Swing 的成員，以及獨立在幕前發展的歌手。儘管推出大碟很少，但他在 2006 年推出的同名大碟非常有趣，歌曲質素也很上乘。

　　這張唱片收錄十一首歌，全數由廣東話口語做歌名。歌曲名分別是：〈應承〉、〈晏〉、〈是但，求其，冇所謂〉、〈冇得彈〉、〈好得閒〉、〈囉囉攣〉、〈專登〉、〈論盡〉、〈而家〉、〈應承（自己）〉、〈好得閒 Demo: Strange Days〉。歌詞當中也使用大量的口語，其中有四首作品來自林若寧。

　　廣東話口語入詞在每個年代都有代表作品，從早年用廣東話改編「披頭四」的英文歌，七十年代許冠傑和黎彼得的大量合作，八十年代的多番嘗試，再到 2002 年黃偉文與伍樂城嘗試的新廣東話寫詞實驗。每個年代的不同狀況，對應的其實是流行歌在香港次文化中位置的變化。早年的廣東話歌詞俚俗，是一種

市井文化；後來幫助建立許冠傑的個人形象，讓流行歌曲跨越不同階層；再變成一種創作嘗試。由此可見，唱片工業越來越像流水線。

林若寧覺得 Eric Kwok 及他所在的組合 Swing 音樂風格有濃烈西方色彩，背景亦很「鬼佬」，過分咬文嚼字的文風不太適合。Eric Kwok 自己也喜歡用直接的表達手法討論深奧的道理。這似乎是流行文化潮流的一種反駁，至少在 Eric Kwok 的歌曲之中，廣東話口語不是一種創作上的冒險，而是結合歌手本人的形象和態度的綜合考量。這十一首歌曲多數也是以書面語夾雜口語，並非所有字眼都採用口語，不過其中的〈冇得彈〉、〈囉囉攣〉、〈專登〉、〈論盡〉，相對林若寧寫給其他歌手的作品，還是有很不一樣的氣質。

連暴肥都迷人　連齙牙都迷人
連肉麻都迷人　連痘皮都迷人
連賴床都迷人　連病容都迷人
連鬧人都迷人　零度瑕疵情人

〈冇得彈〉

四首歌都在剖白主角心理，是四種完全不同的情緒狀態。〈冇得彈〉用連續的相同結構配合不斷重複

的旋律，列舉出無數通常男性眼中看到的女性缺點，即便如此，「我」仍然覺得女友無比迷人。這首歌的前半部分，寫的甚至是在當今社會男性標準下的禁忌，比如暴肥、齙牙等在網絡上會引發攻擊的外形特徵；後半部分則又寫到另一半千依百順的相處模式，是非常特殊的女性形象，配合 Eric Kwok 的形象和西化的曲風，也真的搭配出與眾不同但又能讓人接受的效果。〈囉囉攣〉的寫法也類似，用重複的結構來抒發「我」對另一半的迷戀。兩首歌都是主歌用排比積累力量，到副歌再專注寫自己喜歡的人為何吸引，配合上直抒胸臆的口吻，事半功倍。

> 過廿年不理中風
> 震着牙跟你抱擁
> 無論手指——冰凍
> 結他都玩得出眾
> 懷舊舞跳到更青春
> 情話手機傳送
>
> 歲月擁抱着飛逝
> 多一歲都不要荒廢
> 人難道與你養烏龜
> 平靜到故居為獻世

〈論盡〉

另外兩首〈專登〉及〈論盡〉鬼馬之餘更用心寫出了甜蜜的氣氛。尤其〈論盡〉一首，詞中多天馬行空的想像。〈論盡〉與早年 Eric Kwok 寫給梁詠琪的〈浪費時間〉同曲，編曲調整過，但依然是以浪漫格調為主。林若寧反其道而行之，開首即寫「中風」、「震着牙」等畫面，甚至有「人難道與你養烏龜」等較為「麻甩」的遣詞造句，頗有粗聲粗氣談情的神髓。其中鬼馬逗趣的情境塑造，令人想起林振強的某些作品。

這四首歌詞全為大男人表白之歌，林若寧用通俗的寫法配合歌手形象，堪稱踏出安全區之作，值得一記。

# Make Up
# Your Own Story

　　在 2006 年，Eric Kwok（郭偉亮）的廣東大碟已經幾乎是由林夕與林若寧各填一半（除〈是但，求其，冇所謂〉由林寶創作）。同年，許志安建議讓林夕與林若寧合寫自己的新碟《In the Name of...》，這次概念大碟的策劃及創作更加到肉，儘管初時聽聞計劃，林若寧覺得忐忑，自嘲此舉是「讓兩隻不同班次的馬同場賽跑」，後來也放下了包袱。他從不迴避林夕對其個人創作的影響，也使得幾次他與林夕在歌詞上的交匯都適合對照討論，連《林夕字傳》中的眉批參考起來都饒有趣味。

　　《In the Name of...》大碟包含十一首歌（第二版後加入《肥田囍事》主題曲〈醜得漂亮〉），以名為題，背後圍繞佛教的「名法」展開，討論各種議題。十一首歌，除去兩首係同詞不同編曲版本，共計有〈大愛〉、〈任白〉、〈豬先生〉、〈何慧愛〉、〈陳大文〉、〈孫果與了因〉、〈諾貝爾的名單〉、〈你是我的銀河〉、〈李張聯婚〉。其中〈豬先生〉、〈孫果與了因〉、〈諾貝爾的名單〉、〈李張聯婚〉由林若寧創作，〈何慧愛〉由

林夕與林若寧合寫。同時，林若寧也負責這張唱片的文案，為所有歌曲寫了眉批，不只寫自己創作的歌曲，也講林夕詞作的幕後故事——比如寫〈大愛〉前，林夕和許志安曾談了三個多小時的因果法則。還告訴聽眾，因私心一直將〈大愛〉的歌名在自己的 iPod 內記為「佛祖也流淚」。

〈何慧愛〉一開始已經確定創作方法，一人一半，林若寧先寫主歌，再由林夕寫副歌。林若寧寫了好幾對情侶的情感問題，心中暗自希望林夕作出解答，誰知林夕在副歌以「何慧愛」（「何謂愛？」的諧音）作答。林若寧稱之為「再一次證明，智者只會給你問題，不會給你答案」。

說到了　韋智遠　要養那隻緬甸貓
謝莉莉　便妒忌
最大娛樂就是每晚的爭拗
或者花貓更好　情侶不太可靠

上到苦戀冰山
幸福的處境總會隨年月冷
若分手不算最慘
浪漫過後　是快樂　是失落　還是痛
何故永遠感嘆

何慧愛　施捨乞丐無回頭也算是愛

燭光只照現在　明日再　融為大愛

既已成情侶　可會更加慷慨

懷緬也是愛　當初講過疾病貧困也願愛

對印巴感慨　怎麼　戀愛轟烈過後難　恩愛

〈何慧愛〉

......................................................................

　　在歌曲中，林若寧分別提出以下問題：「你好勝 /
我樸素 / 注定個性太多差異 / 能爭吵幾多次？」、「若
分手不算最慘 / 浪漫過後 / 是快樂 / 是失落 / 還是痛 /
何故永遠感嘆？」、「若失戀都要上班 / 患難過後 / 是
畏懼 / 是孤獨 / 無用怕 / 何故喊破雙眼？」、「就是累
極肉身怎去放下來 / 情在腦內哪可拆開 / 為何心境卻
會更改？」。而林夕確也用提問回答了提問，「何慧愛」
的文字引出的是愛的不同表徵，溫柔、慈悲、關懷、
憐憫都是愛，在「大愛」的基礎上，為何男女之情並
不順利？

　　事實上，第一次接觸到歌曲的聽眾唯有買到這
一張實體唱片，看到林若寧眉批，才會了解兩位作
者合作的這　種默契。如果只靠「聽」，聽眾可能要
很仔細才感受到主副歌之間的微妙變化。它無形中
跟從了一個範本，像是典籍中師徒對話的紀錄。林
若寧的提問是觀察，林夕的提問是總結。於是在歌

曲中的三對情侶，與單獨出現的何慧愛對話就充滿了玄機。

唱片內文字解說謂，許志安鍾愛本地漫畫角色麥嘜，希望林若寧用歌詞寫麥嘜故事，林若寧最後交出了〈豬先生〉：「本想為幽默自憐的豬先生代言，後來有感今年身邊眾多朋友談婚論嫁，希望借豬的智慧為大家預祝，加多一段副歌做其順水人情。」

香港本土漫畫內每一個陪伴一代人成長的角色，幾乎都是小人物的代表。麥嘜也不例外，漫畫中以大智若愚和大愚若智之間的搖擺令讀者笑着渡過了許多荒唐。

多麼蠢的蠢豬　個個也來揶揄
高攀不起公主　並沒段段艷遇
悠然面對這悲劇遭遇
齊集給了你當笑話書

多麼蠢的蠢豬　愛上那條人魚
即使爭都爭輸　仍然從未怪罪於天主
自信戀愛運很特殊
明日你前來叫我蠢豬　講愛情暗語

即使悲觀的烏龜

我亦看出牠的美麗

仍然有你愛我我都矜貴

快樂要先拋開智慧


誰又會似隻蟻去獻世

各有各獨一的瑰麗

同樣你愛錫我　哪有代替

證實人沒有高低

〈豬先生〉

........................................................................


　　林若寧賦予麥嘜自我認知，由內再向外講述牠對於他人看待自己的一些想法。豬的本質與麥嘜的意識相聯繫，造就了牠的性格，或者應該說，牠接受了自己。「誰又會似隻蟻去獻世／各有各獨一的瑰麗」，難道不是「每隻螞蟻都有眼睛鼻子／牠美不美麗／相差有沒有一毫釐」[1]？寫到這裏，林若寧沒有再講佛法，反而轉回凡人心態：「同樣你愛錫我／哪有代替／證實人沒有高低」。這結論轉得入世，但又有世俗的思考，可算是他典型的說理方式。

　　〈孫果與了因〉可以講的太多，聽眾一看歌名即知這是要從《大隻佬》延伸討論因果。林若寧謂此曲

---

[1] 這幾句歌詞出自王菲〈開到荼蘼〉，由林夕作詞。

是許志安給他「胡作非為的恩賜」，並披露林夕是杜琪峯迷，他是韋家輝擁躉。

《大隻佬》是千禧年後港產片中的代表作，無論票房口碑都極成功，並引發了許多關於創作及佛理的討論，影響深遠。電影的內容龐雜，在此不贅述了，相關的文章及評述不難收集。將佛理以影像敘事方法講給觀眾聽，甚至輔以有故事的劇情，這在當時不多見。但流行歌曲以因果來呈現愛情，已經有不少作品涉及過類似題材，亦都有不錯的表現。愛講佛理的林夕是表表者，王菲中後期的歌詞在當時的流行歌壇引起很大震盪，後來楊千嬅的〈電光幻影〉再下一城，也是代表作。那些歌曲的內容顯然一早影響了都市人的愛情觀，唱遍整個華人圈的〈愛情轉移〉，「把一個人的溫暖轉移到另一個人的胸膛」，為人津津樂道。遺珠也不少，他幫張國榮寫過一首〈冤家〉，更怨毒一些。

眼紅　落雨　泥土　昇華
蝴蝶　拍翼　花瓣　散下
薔薇　逝去　茶花　沖茶
喝下　某君　情感　退化

途人和途人　道別又復合　偶遇跟分手
來來回回樂與怒　找不到出口

由情人重回陌路　也是棲身這星球
誰代你　在吻別她的傷口

誰在北極落淚化做白雪
都滋長了熱帶彼岸花
怎樣愛花　明日也是戀愛宣洩茶渣
然後她代她　他換他　沒有相差
無論相遇她　失去她　不用怕

前緣隨前緣　後事復後事　愛恨中兜轉
輪輪迴迴日與夜　相戀跟失戀
如情人頹然話別　有另一番的姻緣
誰就會　在某地開始相戀

〈孫果與了因〉

.......................................................................

　　林若寧先反覆用四組二字詞編織景觀與環境，
歌曲開頭極具電影感。在某些位置，他巧用重複和
迴環的文字結構，體現對因果循環的理解，也處理
得很細緻。雖則道理都是那些道理，音律上的錯落
與節奏令這首「任性」的作品很有韻味。他從因果
法則聯想到蝴蝶效應，因此化用在歌詞之中。也緣
於此，作品中又寫入了許多自然及物理現象，視覺
上同樣豐富。

許志安的歌曲在林若寧的創作史上佔有特殊位置，原來他當時常常預留至少一首非主打歌給林若寧填詞，且給予絕對的自由度。林若寧在這些作品中有非常天馬行空的創意，並認為自己需要留有空間的歌多於一首「注定大熱的失戀單戀暗戀歌」。

　　〈諾貝爾的名單〉即是這一類作品。林若寧在歌曲中寫了一幅眾生相。這裏的「名」指世間的聲名。歌詞寫了五位普通人，雖然沒有冠絕全人類的聲名，卻在日常中做出了力所能及的貢獻。歌詞的創作難度在詞人作品中算不上很高，但在流行歌曲中未必有太多機會允許詞人從不討好的角度思考問題。

　　他　從伊拉克戰地
　　奉獻着大半生　為救個病人
　　他　曾因伸張正義
　　為制服那劫匪　鬧市內中伏未可救治

　　這世界很多大人物景仰
　　卻有更加多無名字的棟樑
　　哪個會得獎　能成為大將
　　貢獻過的人沒有歡呼聲大合唱

　　人間之光　藏於漆黑城市
　　哪種犧牲可以寫出這偉大故事

誰只關心　誰只專心樓市
你會不會想起這一個渺小勇士

那畢竟是還未有「躺平」一說的年代。成功學主宰了一代人（或幾代人）的價值觀。討論聲名價值幾何，人應該如何才算有用，可能往往只適合嚴肅的哲學節目（在當年也未有）。意義不該由聲名決定，如今大概是多了一些人認同。

更妙的是，出街的版本仍然不是詞人完整的版本。在唱片內頁，林若寧將未能錄製成歌曲的段落完整寫了下來，為使資料更詳實，也為進一步討論，以下完整列出：

他　食可卡因致命
睡了沒法再醒　沒那個同情
他　從抑鬱小宇宙
病到就要跳樓　讓壓力拼命伏擊腦後

這世界很多大人物尊貴
哪個會關心無名字的問題
壓滿了身體　人何其自閉
有過去的人在廟街之間學入世

林若寧作品討論・59

人間悲歌　遊走繽紛城市
每本周刊喜歡寫出這煽情故事
誰只關心　誰只專心樓市
你會不會想起這一個渺小世事

他　父親分居以後
餓了便習慣偷　在赤柱浮游
他　從中一不上學
學努力賣四仔　被記下案底命太不濟

這世界很多大人物尊敬
卻有更加多無名字的罪名
看剎那光景　人人能盡興
哪個會關懷破碎的心聲極動聽

　　有了這一些未能面世的段落，〈諾貝爾的名單〉
（或可能改作別的名字）就更加完整。出街版本講的
是「人所共知的好聲名不能決定一個人的存在價值」，
這幾段則反面來寫，「道德審判中壞的聲名也不該用
來決定一個人的價值」。有了這樣的描寫之後，整首
歌才像是有齊了硬幣的兩面，道理也更站得住腳，對
於「名」不應過於貪慕，也不應帶有潔癖及以有色眼
鏡視之。

　　最後一首林若寧參與的〈李張聯婚〉是唱片內

最私人的創作，他如此介紹：在 5 月 19 號自己喜歡的女孩離開後當晚不知不覺寫出來的，她不是姓張，我也不是姓李，只是一個關於許姓侍應生的愛情故事。

個人的感觸為何用一個侍應生的身份來說，旁人不得而知，或者這樣一來，情感就顯得較為克制。在一段又一段感情關係中，每一個人有可能都是旁觀者，這種身份的區隔大概表明了情感關係的實質，誰都有可能是那個「外人」。

我　看盡每個囍宴
每夜企到幾點　再奉上那雙輝美點
呆看　禮服太過吸引
禮待每位嘉賓　努力去敬酒搞氣氛

侍應生　招呼一對又一對
見證每對愛侶都太登對
期望你亦能夠跟我嫁娶
但是侍應生　怎可興奮地飲醉
企到腳痛都只配企下去
來為這盛宴恭祝一雙跟一對

未結婚　仍然能碰杯能慶祝一下
如何難過都能滿足賓客

仍然憑誠意來陪笑服務極到家

我的童話　何時能變真能置身這婚嫁

可惜經濟上沒法子　送贈你名廠婚紗

〈李張聯婚〉

................................................................

　　在這樣的設計之內，儘管歌手一開口就是「我」字當頭，詞人把視線拉遠之後，整個情緒哀而不慘，平淡了許多。「我」在無數婚宴現場見證了很多新人的結合，殊不知有一天要去看自己喜歡的對象嫁給另一個人。因始終是旁觀者，似乎悲傷也顯得名不正言不順了。

　　整首歌詞營造出「旁觀者之痛」，再「疏離自我之哀情」，然後事不關己的看客終於對自己的情緒也慢慢接受了。旁觀心上人的婚禮，從來也是苦情歌中的好題材。1971 年蘇翁所寫〈愛人結婚了〉堪稱超越時代，為後來的作品立下某種典範。

痛心的典禮　愛人結婚了

輕的羽紗　煙蓋霧繞

花放一樣俏

今天以後　情如逝水

輕倚新歡笑

啊⋯⋯啊⋯⋯

一切難料　雖有舊情未忘

人是嫁了　情若煙消

我祝福她一世歡笑

〈愛人結婚了〉

除此以外，林夕也曾給盧巧音寫過一首〈去你的
婚禮〉，以女性角度出發，情緒暴烈。林若寧的故事
設計給這種類型增添了戲劇化，將主角的身份退到更
遠，中和了原本模式的狗血意味，也讓整個苦情的宣
洩變得內斂了許多，將舊題材寫出了新意思。

# 為時代剃光苦惱

　　林若寧與林夕的第二次對寫，在 2009 年的李克勤專輯《Threesome》。這張專輯從名稱和封面上都突出了他們三個人合作的關係，有很多專輯班底都是固定的某幾位，但將三位創作者放在核心的位置，並不多見。比如，這張大碟的製作人梁榮駿（Alvin Leong）就沒有出現在封面上，專輯名也沒有叫 Quartet。整件事最後呈現出來的狀態，便是強調林夕與林若寧所寫的文字，經由李克勤之口唱出來的效果。唱片用了很長的時間去創作，據林若寧回憶，2009 年 4 月第一次開會，直到 11 月才交完最後一首歌詞。

　　《Threesome》收錄了十首不同的歌曲，〈嫲嫲〉、〈樹懶〉、〈最後的早餐〉、〈寂寞嘍囉〉、〈有為青年〉由林夕創作，〈富豪雪糕〉、〈樹海之下〉、〈早餐 A〉、〈二十四城記〉、〈冇〉（按創作時完成的先後順序）由林若寧創作。林若寧說這時他已經放下了對寫的心情，但專輯曲序上的安排是兩位詞人交替出現，且歌名和主題有強烈的關聯。我們仍然可以看作兩位詞人以歌詞唱和對方，對照地看着五組作品，也會比單獨討論有趣得多。

〈冇〉是這十首歌中最難以用通常文字邏輯去理解的作品，也是最後寫成的歌。林若寧說自己寫到最後想隨性創作，開李克勤一個玩笑。「冇」進入歌詞內文後，詞人以「無聊」來解，每一句在結構中有獨立的位置，也都分別詮釋了「無聊」及「無意義」的定義。這確是用類近新詩的創作方式，林若寧使用了無數個並列的意象來表達一個主題，或者說，落在「無聊」這個範疇內的主題，而貫穿全篇，最點題的核心無非兩句：無聊無煩惱、無聊無投訴。

　　入實驗室開個掣　　李伯伯找你弟弟
　　一隻龜貴不過雞　　話題越說越無題
　　自問十分低智慧　　我每次考試落第
　　於試卷裏畫烏龜　　怕學貫中西


　　無聊無煩惱　　無聊無煩惱
　　萬事最好不要碰我個腦
　　凡人麻煩到　祈求長生不老
　　要追溯哲理容易老
　　無聊無投訴　　無聊無投訴
　　大鬧政黨的老伯太躁
　　無求無回報　何來塵埃清掃
　　算不到劫數和命數　心中有數


　　大象亦輸給螞蟻　　漢武帝總要讓位

聽老子說東說西　做人學說是無為
大是大非都太細　哪夠印花更實惠
不背起沉重階梯　跌亦跌得低

〈冇〉

．．．．．．．．．．．．．．．．．．．．．．．．．．．．．．．．．．．．．．．．．．．

　　這一類作品的難點或精彩之處是看作者在字裏行間怎樣安排及選取意象。林若寧雖說講道理已經講到厭,還是將「無求無回報／何來塵埃清掃／算不到劫數和命數／心中有數」這樣的句子放入了中段。「無聊無煩惱」是一句口號,背後的邏輯用佛法來解,既是必然,也可能是唯一的方法。要在「冇」之中講出一個道理:假若沒有期望,就沒有失望,更沒有執着。林夕隨後在〈有為青年〉中寫,「有為」,即是一種「無謂」。所謂意義都是社會營造出來的概念。這兩首歌雖然調子比較灰,但道理講得揮灑隨性,沒有負擔。

　　林若寧寫〈冇〉用了三個小時,寫〈富豪雪糕〉卻用了一個星期。他說故意把這首歌寫得很辛苦,要寫到討厭為止。這是《Threesome》開頭的第一組歌曲,講親情。〈嫲嫲〉勸人去善待腦退化的親人,〈富豪雪糕〉則是將父愛與時代變遷放在一起寫。

記得記得　騎木馬跌低痛哭
爸爸送了杯雪糕　期待我興奮跳舞
還未真正領略生命何價富裕程度
很深奧　但我終於知道

建築更高　雲上舞每朵雪糕
難避免蒸發下去變做氣壓流入這美麗都
馬路窄　背影遠　才驟覺快樂價格甚高

童稚裏我的一哭一笑畫滿了雪糕車
行盡了史詩式的興替達到哪裏止步
慈父總有天漸老　難敵天荒地老
人大了　方知多麼富有並非最好
溶在我手中一哭一笑萬貫也買不到
在舊時只售六毫　廉價地以追憶回報
用微笑哀悼
在盛世十里的商舖活着要賣去青春去達到

氣溫太高　溶掉了我的雪糕
車身再破損也好　年月會刻上歲數
懷舊的播放着音樂　流過歲月長路
我聽到　愉快偏捉不到

〈富豪雪糕〉

本地填詞人幾乎人人都有一首敍述父愛的金曲。林振強有〈追憶〉（林子祥）及〈空凳〉（夏韶聲），潘源良寫過〈一對舊皮鞋〉（劉美君），黃偉文寫的〈單車〉（陳奕迅）也很有代表性。〈富豪雪糕〉與這些歌曲一樣，開篇第一段都聲情並茂，有濃烈的情感與逼真的畫面感。

　　涉及父愛的作品有太多珠玉在前，不易寫。〈富豪雪糕〉是極經典的寫法，回想父親在「我」跌落木馬後送「我」雪糕的情景，再由父愛拓展開話題。如〈追憶〉般，每一段主歌都是一段畫面，進入副歌，再逐漸加深主題的深度。〈追憶〉從觀看木偶戲的童年寫起，寫了三段畫面，從眷戀親人的陪伴，到終於明白到孤獨是一個人的必經之路，然後再坦然面對。〈富豪雪糕〉的畫面也像極了家庭錄影帶，第一段寫爸爸買雪糕，第二段寫吃雪糕時看到的城市風景，第三段是來不及吃完，雪糕便開始因高溫溶掉。

　　這首歌的昇華部分，有好幾種複雜的情緒交織在一起。人抵不過時間，城市亦如是。曾經無憂無慮的童年，幸福唾手可得；如今變成大人，幸福的代價就越來越高。這樣的切入角度，甚至比很多以童年的卡通形象來懷舊的歌曲要寫得更深刻，也更真誠。在某些段落的長句，字字相連的韻律感與順暢的行文能看出作者是經過仔細斟酌，讀來自然不

着痕跡。幾年之後，林若寧為李克勤所寫的〈龍鬚糖〉，第二段主歌加入「那一天／和你爸爸吃雪糕」，將兩首歌的情緒連結了起來。李克勤的歌路中一定還會繼續嘗試類似題材。

在《In the Name of...》中，林夕寫了性工作者題材的歌詞〈你是我的銀河〉。《Threesome》裏林若寧用〈二十四城記〉完成了這一個此前未能實現的嘗試。歌名來自賈樟柯紀錄與虛構相結合的同名電影，主題是背景相似的人在變換的時代中的命運。歌詞的視線也用了紀錄片一樣的鏡頭感，順着作者的筆觸，聽眾都是克制的旁觀者。鏡頭對準的對象，是一位第三人稱的「她」。「她」的遭遇是慘烈的，林若寧用旁述的方法講「她」的遭遇，也講了「她」所感受到的，整個世界的敵意。

她　輾轉幾多張床　錯將溫柔釋放
無盡過客　買她的笑容　惹起有色眼光
被　燦爛時代埋葬　埋藏純真與期望
年邁少女　青春翅膀
沒法飛沉下去浮游在大染缸

有誰會憐憫她一次　珍惜她成熟得幼稚
卻插上罪人旗幟　譜成人世間趣事
群眾群眾還向她非議　玷污她這一個孩子

當初她信奉有個天使　心存有善意

她　只許滿足虛榮　滿足一時高興
懷內每個　喊不出姓名　怕將背影看清
鬧市內無盡餘興　年華燃燒似亡命
尋夢少女　穿梭廢城
大眼睛凝望這霓虹上沒有星

〈二十四城記〉

.............................................................

　　整首歌詞多用抽象的簡筆帶過，不再寫具體的
故事。像是一種口述歷史的方式，筆觸對準了一個
一個受訪者，這種白描讓虛構的故事有了真實感。
這恰恰也是電影《二十四城記》的做法。電影將職
業演員按台詞講述的受訪片段與真實人物的經歷片
段亂序剪在一起，使得真實與虛構結合起來有了更
大的力量。


　　在邊緣人群這樣的題材上，創作者一般有幾種方
法處理。或者只寫一個人物，或者寫一種人。向雪懷
的〈午夜麗人〉就是寫一個具體的人，她是被觀看的
對象。〈二十四城記〉從個體記憶出發，林若寧寫的
境遇是高度概括的，「她」可以是任何一個人的故事，
「她」的日常也發生在很多人身上。

〈二十四城記〉更深入的角度是，筆觸沒有停留在恩客對性工作者的態度，林若寧延伸了整個故事的背景。「哪裏有大人留意／只談遊戲式政治」是提及了一種階層的遭遇。這樣的描寫也拓寬了題材的視野，對某一個人的好奇和憐憫有許多特殊性在其中，對某一類人境遇的思考更不容易。除了她的身體被當成工具之外，她被看低一等，不只是尊嚴和道德禮儀，更是一個社會階層議題。與之配對的〈寂寞嘍囉〉有些類似，是夜場顧客借酒澆愁發洩一天不滿的故事。

　　〈早餐 A〉樂觀豁達得不像是林若寧，當然就更不像林夕了。這也是少有見到林若寧下筆很有活力與朝氣的一次。這種朝氣與活力結合了他擅長與普通人同樂同悲的同路人位置，整篇的細節琳瑯滿目，將一個樂觀上班族的心態刻畫得維妙維肖。看過歌詞，若說歌詞中的這位上班族犬儒，似乎也不全是。明哲保身的哲學不是沒有，但也像是一位市民對佛偈頗有認識，再用這種態度面對生活。

　　睡床伴被鋪　地球伴舞衣起舞
　　早報提及天色轉好
　　事業無用鬥高　日常被至親擁抱　不懊惱

熱茶伴吐司　麥皮伴咖啡周到
可以存在已經最好
可以飽暖便慶祝　為鳴謝老天禱告　不控訴

於公司失勢　愛情不濟　明晨一切交替
祈求甚麼東西　過分力竭聲嘶
珍饈多矜貴　荳芽經濟　亦能給你安慰
紅日中領洗　吃過了熱粟米
才能有力氣支撐到底　每日名貴　不必獻世

未曾學結他　未曾學插花
總有喜好　明日記得要早
一覺醒了便剃鬚　為時代剃光苦惱　洗個澡

〈早餐 A〉

．．．．．．．．．．．．．．．．．．．．．．．．．．．．．．．．．．．．．．．．．．．．．．．．．．．．．．．．．．．．．．．．

　　「早餐 A」當然是茶餐廳的固定搭配，歌詞對早餐本身沒有細說，用兩句話帶過了。主歌實則在寫上班族從早晨準備到開始工作的情形，副歌就集中坦承他的「返工哲學」。

　　全世界返工文化最盛行的城市，香港應可以輕鬆排進前三。那是一種普遍的庶民文化，與八九十年代聲勢浩大的白領上班族有所不同，如今大家對「返工」的定義多少歸類於中低收入人群。「於公司失勢／

愛情不濟／明晨一切交替」精準地寫出了某種小市民心態。林若寧沒有批判這一類人，反而像是寫了一幕短的歌舞劇，很多段落都有舞蹈畫面感。「明日偶遇／明日吻別／明日有因有果」，又寫出了"Tomorrow is another day"的氣勢。

活靈活現的生活細節與實際中又有禪意的觀點使整首詞將雅俗熔於一爐，「一覺醒了便剃鬚／為時代剃光苦惱」寫出了麻甩的詩意。

這勤勞熟女　將工作填盡了空曠
對影徬徨　怕蟑螂　要對蠟燭去發慌
這豪情烈女　自十歲的初春愛人二百趟
吻都吻乾　戀愛家曾令某某動脈劃上刀光

誰　同樣各有私心去愛別人　再尋求樹蔭
心有不甘　說到尾連累對方燒光樹林

愛愛愛愛不愛　他跟他也只不過
擦身偶遇人群
情人流過了氣體不留塵
靠　怨念你怎去扶貧
永永遠遠相愛　童年時期待這幸福護蔭
多一串眼淚到頭來綠化森林
能美化你每段愛的教訓

這對年邁配偶　歷盡各種爭執已平伏魯莽
有天笑喪　小半生能為世界道盡地老天荒

〈樹海之下〉

.........................................................

　　〈樹海之下〉是大碟內最難理解的一首歌，樹海
指的應是日本的青木原樹海，某某動脈劃上刀光，大
約是很委婉地指向了這個自殺聖地。世人愛得要生要
死，實際上最後的歸屬大同小異。裏面有三種人的側
寫，但很快一帶而過。歌詞的大部分篇幅都在講愛不
愛其實人生無異。比起另外四首，〈樹海之下〉講道
理講得最多。也許是礙於篇幅，在道理之前的眾生相
就收得潦草了，大段道理顯得過於「形而上」。林夕
以〈樹懶〉應對，採用了生死有時這個角度。道理雖
然老套，但比喻和擬人化的筆法有工筆畫的美感。

　　同樣是說佛偈，《Threesome》與《In the
Name of...》各有妙處。舉重若輕的林夕與細細打磨
的林若寧兩次對寫都有驚喜。幾年之前，陳奕迅國語
大碟《認了吧》與廣東大碟《What's Going On...?》
中有數首歌也有類似的對寫，對寫讓詞人之間（或與
自己）有了精彩的對話感，也為歌曲本身增添了生命
力。同年度有另一張兩位詞人對寫的唱片也引人矚
目，林夕與周耀輝分別為《天生地夢》（麥浚龍）寫
了三首歌，也與《Threesome》一樣成為了佳話。

# 文學意味，
# 只談風月就好

　　香港粵語流行曲，或者現在所講的「廣東歌」，一直有很強的文學意味。2021 年，小克為柳應廷連寫三首以文學作品為題的歌詞，引起很多討論。三首歌〈狂人日記〉、〈砂之器〉、〈人類群星閃耀時〉分別源自魯迅、松本清張及史蒂芬‧褚威格的同名作品。這掀起本地又一輪討論歌詞的熱潮，在本地廣東歌收聽量回勇之時，有文學雜誌也開始盤點廣東歌中有哪些是以文學作品為題的歌曲。

　　在粵語流行曲早期，所謂「雕紅刻翠」的時期，詞人們自然是使用了許多古文用典，但這顯然與如今的熱潮非屬同源。具文學性的流行歌曲，在 1987 年大量湧現。先是 4 月時達明一派的第二張大碟《石頭記》中收錄了好幾首歌，都是以文學作品為歌名：〈石頭記〉（歌詞由邁克、陳少琪、進念二十面體合寫）、〈美好「新世界」〉（陳少琪作詞）、〈傷逝〉（陳少琪作詞）、〈一個人在途上〉（陳少琪、黃耀明作詞）；年中有劉天蘭作詞的〈她比煙花寂寞〉（梅艷芳）；年末又有潘源良為梅艷芳所寫的〈她的前半生〉及林夕為呂

珊所寫的〈像我這樣的一個女子〉，陳少琪第二年再寫了〈故園風雪後〉（林子祥）。後面的這四首歌，已經完全融入香港當代文學（原作的作者分別是亦舒、西西及鄧小宙）。

待到林夕、黃偉文及林若寧產量穩定之後，他們將張愛玲及亦舒作品的許多元素加入，或是改為歌名，或是寫入歌詞，令文學作品入歌，尤其是當代文學入歌，成為一件極為常見之事，也因為流行歌曲及文學的受眾群發生了改變，二者開始交疊，令作詞人有機會將很多文學元素放入歌詞之中。

林若寧對電影、文學、次文化等的借用琳瑯滿目，其中借用亦舒作品就很有代表性。在他創作商業流行歌詞初期，即為蘇永康寫過一首〈如果櫈會說話〉，這是從亦舒《如果牆會說話》而來。2013 年，他又將小說原名再用一次，為李幸倪寫了〈如果牆會說話〉。2012 年，他為麥家瑜寫了〈佩鎗的茱麗葉〉。還有一個有趣的例子，2009 年，林夕為關淑怡寫了〈地盡頭〉；2014 年，林若寧則為周慧敏寫了〈天盡頭〉。

在《詞家有道》一書接受訪問時，林若寧解釋了自己為何喜歡用亦舒的書名做歌名，「純粹因為歌名靚，非常金句化，單是書名已可看出亦舒的智慧。」他開玩笑說詞人們一旦無歌名可用，就去翻亦舒的總

書目,「我覺得她的小說和書名所流露的智慧相當切合流行曲的需要,尤其看事物的角度、智慧,很適合城市和女性;又吻合流行曲的操作手法……」。最初經常要他留意亦舒書名的人,是林夕。

不過所有與亦舒相關的作品裏,有一首並非用亦舒小說命名,就是楊千嬅 2007 年收錄在《Meridian》大碟中的〈只談風月不談戀愛〉,她可算是近二十年借用亦舒符號最多的香港女歌手。

只談風月,曾經默認的後半句是莫談國事。接「不談戀愛」,有活用亦舒的意思,也符合當時楊千嬅的形象。〈只談風月不談戀愛〉是一位女性在喜歡的對象面前顧左右而言他,偏偏無法談及二人的關係。開篇第一句「來坐低 / 談論亦舒的作品」將旋律與措辭結合得頗妙,是一句有神來之筆的 opening。

整首歌詞的佈局是林若寧非常擅長的類型。他甚至用傳媒版面分佈一樣的手法來引出兩個人的話題,從亦舒到美國劇集,從娛樂版到足球到經濟,從美食再到命理,將香港人茶餘飯後的話題都用了一遍。

多種流行文化的議題借用,若要出彩,就要看用法是否自然合宜。在這首歌中,還要結合另一個文字上的主題:「我」借話題來閃躲的核心議題到底是甚

麼。這兩層恰好從手法與內容兩個層面觸及了這首歌詞的創作巧思。

來坐低　談論亦舒的作品
內裏角色都流行　看破情感
共你能坐低　閒談電視「24」劇情的震撼
內裏底蘊　逃避說愛你
餘下題目別要緊
雜誌又報道女星結婚
就這樣退下覺得無憾
你話　別要盲目到為愛犧牲

為你講東講西再為你講到地理
天高海深從何時得出這天地
其實是不甘心談論我怎掛念你
若要拖多一刻　我就要講到物理
憑物質分析心理
下個題目應該說布拉格傳奇
也不想　涉及你

來坐低　延續辯論上次曼聯的佈陣
令你興奮　從未會待我
同樣強烈地上心
亂說日報上那經濟版

預算大市近況很平淡
再淡　未夠談論愛更加心淡

尚要講東講西議論到煮餸料理
中式西式從何時更改你口味
其實是不甘心談論我怎掛念你
若要拖多一刻　我就說掌相命理
從沒有這種福氣
下個題目應該說你婚嫁日期
也不敢　碰運氣

〈只談風月不談戀愛〉
.............................................................

　　圍繞傳媒報章的版面來選擇話題，以此組織男女
主角談話的重點，很成功地呈現了一個生活化的對話
現場。正確選擇了話題，進而精準寫出了對話的真實
感，便打好了整首詞的基礎。而細膩入微的女主角對
白，可能是靠日積月累的文學素養，也可能是在亦舒
的過往作品中得到啟發。

　　從字面意思看，聽眾當然可以看出這首歌的用
意。不過作者要寫的小劇場不止於此。二人對白是事
不關己的飯後閒談，女主角不時加入一些細節，令二
人的關係惹人遐想。「你話／別要盲目到為愛犧牲」，
看似是轉述對方言論，實則留有餘韻，是非常精彩的

留白。第二段討論曼聯佈陣也是一樣，「從未會待我／同樣強烈地上心」有「從未」二字，下面「從沒有這種福氣」，尾段「下個題目只好說那一次別離」，都將二人曾經有過的關係揭露出些許痕跡，引人思考。而這種欲言又止、千絲萬縷的場景剪影，真有亦舒筆下的千迴百轉。

三次副歌，每一次尾句都有一個細節處理值得稱道。兩句三個音的旋律中間有微微停頓，林若寧將前後句的意思承接得很細膩。「也不想／涉及你」、「也不敢／碰運氣」、「也不忍／責備你」將楊千嬅音樂形象上的那種要強的卑微姿態刻劃入微。而中間的停頓，令人猜度女主角的心思。也不想如何，也不敢如何呢？這種只有一方存在心中的結，便由此更加無法解開，愈是無法討論關係，反而愈難以忘記對方。

或者真正亦舒筆下的女主角還要倔強，林若寧也始終記得，在歌曲中故事的主角是楊千嬅。楊千嬅因這種形象發揮到極致，一度深受香港人喜愛。那些過去的金曲，紛紛累積成一個在情感中常常處於弱勢、卻又懂得自愛自省的女性。這些特點也集中在〈只談風月不談戀愛〉內，若真可以只談風月，誰又不想呢？

# 大陸流行語入詞

　　2010 年左右，香港的歌詞作者們似乎不約而同都加入了一陣潮流。當年，林若寧參與的歌曲中有兩首歌名很醒目，一是莫文蔚主唱的〈淘寶〉，一是古巨基主唱的〈蝸居〉。2012 年他又給李幸倪寫了〈認真先輸了〉。同期很多詞人也有類似的作品發表，以林夕用國語所寫的〈犀利歌〉（古巨基）用拼貼方法達到極致。還有小克寫的〈覺醒字幕組〉（周國賢），黃偉文寫的〈重口味〉（陳奕迅）。2016 年，林若寧又寫出了〈我不是歌手〉（鄭秀文）。

　　這可能與當時大陸的綜藝節目及真人騷發展迅猛有關，這些節目逐漸建立成功的流水線模式，有可喜的收益，可說為沉悶的娛樂工業帶來刺激，更吸納了許多台港藝人參加節目，收視群體跨越地域限制，在台港兩地的電視台培養了一批固定受眾。許多娛樂業人士也北上定居，開設工作室。這樣的工業交流在 2008 年北京奧運之後，帶來了新的文化刺激。《潛伏》、《蝸居》、《甄嬛傳》等劇集先後將大陸電視劇市場拓寬，在海外也創下收看熱潮。2009 年，新浪微博正式開通，早早邀請了一大批香港音樂界及電影界

創作者加入，這也是兩地文化交流極度繁榮的一段時間。社交平台彷彿打開了一扇窗，盛況可一不可再。

廣東歌（或香港詞人）在過去也吸納過不少大陸文化及流行語。流行期限同樣不算長久。但若將中英談判開始後，潘源良所寫的〈沒有中間路線〉（林志美）、〈一點意見〉（葉蒨文）及林振強所寫的〈五十年不變〉（蔡國權）、〈愛情基本法〉（梅艷芳）與2010年起的這次吸納比較，二者的語境天差地別。曾經借用的政治語彙均來自官方，如今大多來自大陸民間，是民眾的語言。大陸很多網絡歌曲的改名也會以此為法，希望可以讓好奇的聽眾看到便去打開聽，本身就是一種市場化的手法。

這一批廣東歌——也包括香港詞人填的國語歌，如郁可唯〈傷不起〉（林夕作詞）——如何改名，箇中考慮可能不一致。若看歌曲的消費主體，多數香港人未必會因為歌曲標題用了大陸流行語而特別留意。這些歌曲的誕生卻真實反映了大陸流行文化逐漸對周邊地區（尤其是香港）的影響。

電視劇《蝸居》講的不是香港故事，香港本地談居住面積狹窄的空間原本也不是叫「蝸居」。這題材卻是令香港人心有戚戚的。林若寧寫過不少關於安樂居住的歌詞，彷彿因他的低調，大家都認可他這樣寫相

關的階層和貧窮問題。這是一個寫得太深入則苦、寫得太輕鬆又輕佻的主題。早期即有楊千嬅的〈家有幾米〉，標題嵌入了人氣漫畫家。主題則是講彼此相愛的情侶，在不理想的環境中也可以過得甜蜜。林若寧在第一段用「不理身世／都不怕失禮」消解了強顏歡笑故作樂觀的可能，也是彼時的楊千嬅很容易拿捏的題材。

　　貢獻我積蓄一切　　送你這蝸居雖細
　　你也滿足一梯八伙　　一生一世
　　我上班通宵不計　　你每天精心家計
　　美滿的一家興建於　　昂貴單位

　　同捱苦　　同用一生的心血換磚瓦
　　期望一間屋建築一家　　長出花
　　美麗像童話　　不惜花一世努力爬

　　買桌椅擔心花費　　興趣也一一荒廢
　　每次的爭執出發點　　基於經濟
　　狹窄的蝸居封閉　　你我更加之幽閉
　　最美好婚姻安葬於　　殘破單位

　　人何苦　　掏盡一生的所愛換磚瓦
　　曾用一間屋建築一家　　這一家
　　卻未像童話　　窗框之中看破落霞

　　　　　　　　　　　　　　　　〈蝸居〉

古巨基〈蝸居〉中的主角來得更有承擔，也更現實，有「貧賤夫妻百事哀」的味道，儘管在主歌部分，林若寧努力營造出光潔的畫面感，特地點出這蝸居也在昂貴大廈，大概因為古巨基的受眾群體，林若寧也寫了更為成熟的內容。兩年之後，劉卓輝也幫許廷鏗寫了一首〈蝸居〉，但內容卻很抽象，不似林若寧的歌詞能見到普通人日常的苦況。詞人如何令你深信，他真的「在場」？如有親身體驗自不必說，如何用文字功力或細膩筆觸去營造一個真實可信的、又觸及普通人的細節？林若寧在陽春白雪與下里巴人之間搭建的平衡就非常有他自己的特質。

〈淘寶〉的主題來得可能不是時候，也未有成為主打。當時淘寶平台在大陸掀起了購物熱潮，崇尚物慾的思潮愈演愈烈，直到近年才略為回跌。香港一早有購物狂現象，莫文蔚有〈婦女新知〉（黃偉文作詞）隱隱約約提過，但無反省之意；〈淘寶〉可算是她宣揚環保及愛地球理念之後第一首以此為主題的歌。在當年一派「買買買」熱潮中，聽眾大概忠言逆耳聽不入耳。

歌詞的道理不難懂，甚至可說老生常談。林若寧用物質與精神需求一一對比，物質一定不能填滿心理需索，買完之後一定面對空虛，這或者真是如今崇尚減法與「斷捨離」之後才能變成公認的真理。同年大

熱的〈陀飛輪〉（黃偉文作詞）乍看主題一樣，但林若寧寫詞卻有自己的氣質。〈陀飛輪〉具有濃烈的中產氣息，聽眾可以很清晰感知，歌詞無論以陳奕迅還是黃偉文的角度去理解，他們所反思的對象，與自我之間有清晰的從屬關係：「我」擁有，但不快樂。

名牌奧米加有很多　　隨時間化作最愛有幾多
年年聖誕卡有很多　　祝福的一句何曾信過
豪華晚禮裝有很多　　憑誠意去過派對有幾多
當一切雜貨在一夜生疏
便發現追逐的不是快樂
任鑽石堆做山坡　　被美麗逼到我跌落河


其實大家需要甚麼　　難道大家心裏很餓
金光燦爛太多　　風花雪月太多
千金散盡太多　　但到底為何


潮流拍照機有很多　　能存放過去過客有幾多
陳年老唱機有很多　　青春的歌舞無從再播
流連店舖街有很多　　然而購買到信仰有幾多
清空了沒價值飾物一堆
沒有為它掉出一滴眼淚
在每段生命興衰　　令我矢志永遠會是誰

〈淘寶〉

林若寧的歌詞不會令你有以上想法，「名牌奧米加有很多」、「豪華晚禮裝有很多」這些句子都不是某一個個體在盤點自己的收藏，整個視線是置身事外，作者或「我」在整篇行文中，通過不同的物件或品牌，討論的都是「買」這種行為，你買也好，他買也罷，指向的思考有通吃意味。名錶晚裝之外，〈淘寶〉列舉了許多更親民的物品（也因為「淘寶」這個平台本身的受眾群就更廣闊吧），帶來的感慨也就一視同仁了。〈陀飛輪〉則明顯帶有某一種精英意識，反省「擁有」的代價及其高昂。林若寧在這樣的題材裏，依然凸顯了自己的「普通人」視角。

　　是詞人本身興趣廣泛，或與大陸同業交流頻繁，學習到了流行語，再向香港聽眾介紹，還是這些說法本身在香港已經有基礎，詞人有所感受，再借用表面意思，發展出歌詞呢？看來是一個先有雞還是先有蛋的疑問。八十年代以政治術語作歌名，關注中英關係及香港事宜的人都了解，因為它們具備了一定的能量。

　　諸如「認真就輸了」及「單身狗」這樣的講法，在大陸風行一時，但前者是犬儒的極致，叫人庸碌生活，後者崇尚戀愛關係及婚姻，潛意識將不戀愛的人視為低人一等。這樣的詞彙進入廣東歌，在去脈絡化使用之後，會有怎樣的效果呢？

李幸倪這首〈認真先輸了〉絕不是叫人犬儒，而是講苦中作樂，若有壞事發生不妨從中尋找積極的一面，整個詞意很接近差利卓別靈創作的英文歌"Smile"。詞人設置了很多笑不出但應該笑的負面情境，以「認真先輸了」做道理，以「不必認真」偷換了「不必難過」的邏輯。

撞了衫　穿崩了　若你想偷笑便偷笑　隨便笑
壞了車　失足了　運氣太差了　大不了
買一張戲票　供給觀眾笑

流淚能搞笑　流淚還美妙
最慘痛一秒　高聲笑
你經濟被圍剿　失戀太難受了
跌一跤差到不再差　被娛樂化　先開竅

如同戇男搞笑　如同大傻美妙
你買彩票都已　輸光了
你可當為煩擾　可當為玩票
你的苦況何苦悲觀化　誰認真先輸了

〈認真先輸了〉

........................................................

　　若拋開說理的部分，這首詞的結構很穩，陳列展示不同的場景是林若寧的強項，寫出普通人日常生活

中總被引導的小「災劫」，他也能寫得讓人有共鳴。不過，「認真先輸了」這個講法本身太曖昧了，用一個不確定的結論放在副歌，可能無法承載主歌做好的鋪陳。你可以當成豁達去理解，也可以當成犬儒去理解。語意的約定俗成比刻意使用要更強大。這也是用另一種文化的流行語寫歌容易造成的錯位。

〈單身狗〉相對更物盡其用，華人崇尚家庭崇尚伴侶的情結應是共通的，於是李克勤這首失去戀人後生活不能自理的苦情歌曲，彷彿就名正言順了吧。廣東歌中每每談及「失戀的自貶」都很濃重，〈單身狗〉是〈愛與誠〉（古巨基）、〈寵物〉（小肥），甚至〈痛愛〉（容祖兒）的外一章。

> 指甲箝　我找幾遍　為何還未見
> 沒有你　連瑜伽都丟低了無力鍛煉
> 水費單　攝於一角　長期地欠
> 沒有你　一個人　亂葬崗都反轉
>
> 牙刷一對一刀兩斷　和誰分享這杯麵
> 凌晨至發現　無人陪睇恐怖片
>
> 不能單身　方包與紅茶從來兩份
> 我像孩子一般倚賴人

從無想過所愛的犧牲
離別你　又怎做人
方知我從來毫無責任　是非不分
坐着被你着緊　等關心

〈單身狗〉

遇上這樣的歌，通常很難解。這種想像和營造出來的失戀痛苦與現實生活中人的感受可能互為因果，「喜歡你讓我下沉」（〈痛愛〉）成了一種自虐的經典指代，「單身狗」的能量則本身已經遠遠超越某個單一語境，與個體的社群關係形成紐帶般的連結。自嘲自己是單身狗消解了這個詞原本的鄙視，但正經將自己的單身狀態定義為卑微，形成的效果讓聽眾很難順着詞人想要新創作的主題和邏輯理解歌詞。從流行文化的角度，如果反覆嘗試這樣的創作，香港人在廣東歌中的身份認同，會不會也被消解？

像「重口味」和「主旋律」這樣的字眼，已經完全融入香港人的生活。這一批歌曲或者來得太早了。於是創作者想要塑造的，要麼已經完全成功，要麼會完全被這些詞在這個時代的意義所遮蔽。我們大概可以將它們視為詞人無意中窺探未來的一種試寫，說是窺探應該更像是作夢，所以這些想像現在看來有無法彌合的斷裂。

# 如果，命運能選擇？

　　無綫電視 2011 年年尾播出的電視劇《天與地》（戚其義監製，周旭明編審）講四個年輕人登雪山遇到意外，最後能獲救的只有三人。多年後，三個人重遇，重新勾起回憶，然後發生了一連串的人生變化。因敍事方式寫實，且主力針對成年觀眾，電視劇雖然初時收視普通，但慢慢因題材及劇情多了觀眾追看，最後成為熱爆網絡的劇集，不少劇中對白被製作成迷因圖，流傳於各個社交平台之間，有不少觀眾更試着去解讀劇集故事背後的政治隱喻。電視劇歌曲一反當時無綫自產自銷的慣例，請來黃貫中作曲。片頭主題曲〈天與地〉由黃貫中自己作詞，片尾曲〈年少無知〉則由林若寧填詞。後者可算是林若寧受眾層面最廣的一首歌曲，劇迷、歌迷、關注公民運動的市民都對這首歌十分熟悉。

　　如果按主題區分，這首歌也可以放進年少的理想對峙長大的現實的類別去討論。林若寧卻沒有使用常常在同類作品中見到的流行元素符號。讓情懷符號在這首歌曲中缺席，可能就是它如此成功的一個前提。

〈年少無知〉是無綫劇集歌輝煌的最後榮光（截至目前）。無綫電視台在 2010 年前後仍有不少年度話題劇，劇集歌有類似人氣的可能只有 2007 年的〈講不出聲〉，再追溯早一些就要到《大長今》時的〈希望〉了。《天與地》本身在播出時並不如電視台鼎盛時期那些劇集，萬人空巷地收看，而是借助於社交平台及香港時事氣氛，令〈年少無知〉這首歌獲得了強大的生命力。

劇集歌能夠傳唱，除了電視劇本身要有足夠人氣，歌詞創作也需要配合。要從情緒和內容上承接到劇集的故事，也很需要一些上口的遣詞造句。〈年少無知〉有幾處的用字幫助聽眾記憶了歌詞，一是「年少多好／頑劣多好」的結構，一是副歌「如果／命運能選擇」或「如果／活着能坦白」。用字和邏輯簡單，音律上口，也緊跟劇情。

年少多好　頑劣多好
不甘安於封建制度裏
迷信上街真理會達到
旗幟高舉　群眾聲討
不惜犧牲一切去上訴
權貴的想法太俗套
只可惜生活是一堆挫折
只可惜生命是必須妥協

年少多好　貧困多好

一蚊積蓄足以快樂到

廉價結他抒發我暴躁

財富得到　年歲不保

捐輸不必講究有回報

人世間總會有異數

只可惜生活是一聲發洩

只可惜生命是一聲抱歉　怕追到


如果　命運能選擇

十字街口你我踏出的每步更瀟灑

如果　活着能坦白

舊日所相信價值不必接受時代的糟蹋


年少多好　朋友多好

一番爭執不會有被告

遊戲競爭不會記入腦

年歲增長　無法修補

青春的詩總會老　時間多恐怖

〈年少無知〉

..............................................................................

　　幾乎每一首能夠傳唱的歌，都有深入淺出的道
理，詞人用最暢順的想法去鋪排，聽眾就可以很快有
記憶。〈年少無知〉中的四字短句都用得很紮實。這

首歌的旋律特色是，每一組四字短句的位置都得到強調，長句的音則比較連續，林若寧用便於記憶的四字短句接上緬懷青春的句子，結構上很穩陣。主歌在具體詮釋如何「無知」，卻也沒有刻意用一些浮誇的修辭，反而是將理想主義寫得很平實。「迷信上街真理會達到」，「廉價結他抒發我暴躁」，展示了很精準的文字總結能力。

　　每一段主歌都在回答甚麼叫做「年少無知」。林若寧在 2011 年認為，不甘於現狀，敢於反映不滿，寄情簡單的快樂，凡事不計較都是「年少無知」，這當然也帶有一種反諷，對成人世界規則的一種失望。

　　進入副歌，作者要用怎樣的邏輯去延續前文，令歌曲情緒再推高呢？林若寧沒有使用指責和發洩的字句，而是用了兩個「如果」。「年少無知」錯了嗎？現實世界錯了嗎？這些都沒有講出口。兩個如果，延伸了主歌的討論，前幾句唱出何謂年少無知，然後假設自問，如果自己保持了那種年少無知，現在會怎樣呢？這個自問的結構，回應了《天與地》的劇情。整部劇的核心戲劇矛盾，幾可說就是三位男主角因為做過無法改變的事，陷入了人生的無限焦慮和存在危機。這種危機的根本，就是角色進入了質問自己、反省自己的過程。這樣的情緒在「如果」的副歌部分得到承接。

在主題的沉重壓抑之下，這樣兩個「如果」的解說，為聽眾帶來的是更強的共鳴。無論是劇集還是歌詞，乃至於現實，大家都見不到問題的解決辦法。若寫出一些不現實的口號和建議，會讓歌曲顯得像不切實際的童話，若要大家接受現實世界的殘忍，似乎又讓主歌的情緒得不到釋放。竊以為結構和手法上，〈年少無知〉或許不算新鮮，但文字的邏輯推演卻很嚴密，契合整個城市的生活氣氛，軟硬適中，所以在後來的多個公民運動場合，這首歌都產生了很強的感染力。

# 隨緣聚散，不染塵

　　〈天邊一片雲〉是張智霖 2009 年推出的新曲加精選中的一首非主打歌，乍看題目會聯想到蔡明亮的電影《天邊一朵雲》（2005），不過開篇第一句所寫：「在我天空你是片雲」，又彷彿很容易連結到徐志摩的〈偶然〉一詩：「我是天空裏的一片雲，偶爾投影在你的波心」。

　　蔡明亮在電影標題裏寫的「一朵雲」，來自他所鍾愛的國語時代曲，白光原唱的同名歌曲（1957）。

　　　天邊一朵雲　　隨風飄零
　　　隨風飄零　　浪蕩又逍遙
　　　我的情郎　　孤獨伶仃
　　　孤獨伶仃　　就像一朵雲

　　　獨自守歲月　　花開又花謝
　　　他把那光陰費
　　　孤單影不雙　　虛度好時光
　　　像雲樣飛　　像風輕吹

　　　天邊一朵雲　　隨風飄零

隨風飄零　浪蕩又逍遙

我的情郎　孤獨伶仃

孤獨伶仃　就像一朵雲


我的小情郎　愛把江湖闖

他到處為家

春風馬蹄忙　他雲遊在四方

撇下了我　朝思暮想


天邊一朵雲　隨風飄零

隨風飄零　浪蕩又逍遙

我的情郎　孤獨伶仃

孤獨伶仃　就像一朵雲

〈天邊一朵雲〉

在白光原本的歌裏（〈天邊一朵雲〉由姚炎作詞），有着獨特的情感抒發。歌詞明明寫情郎因其他事離開了「我」，「我」原本應該悶悶不樂。白光的中低音卻似乎不怨不傷，她將天邊無法觸碰的雲比作情郎，說情郎沒有自己的陪伴才是孤獨伶仃，而主角自己的悲哀倒像是不值一提。這種感受上的互換，更顯得「我」一片癡心，潛台詞明明應該是「我」倍感思念苦楚，卻不僅毫不怪罪情人，反而默認對方跟自己一樣深情，正在飽受相思煎熬。若無其事的修辭手法與白光

慵懶的演繹相輔相成堪稱一絕。

蔡明亮出生在大馬，但他從小癡迷舊上海時期及後來南下台港的國語流行曲。他在 1998 年的《洞》開始敞露自己對時代曲的喜愛，一口氣收錄了多首葛蘭演唱的金曲，包括大眾耳熟能詳〈我要你的愛〉，之後的每部蔡氏作品也都會放入姚莉、崔萍、白光、李香蘭等人的代表作。

《天邊一朵雲》打正旗號引用白光，內容卻比白光演唱的歌曲複雜很多。電影講李康生及陳湘琪扮演的兩位角色在生活中相遇，儘管兩個人一開始只是曖昧，卻在未接觸對方的情況下展開了一段柏拉圖式的愛與性。兩個人從素不相識到靈慾交合，中間瀰漫着都市人的孤獨與苦悶。

林若寧為張智霖寫〈天邊一片雲〉，沒有用「一朵」，反而用了「一片」。瓊瑤在 1976 年推出了小說《我是一片雲》，因林青霞主演的電影版大受歡迎，鳳飛飛主唱的同名主題曲也隨之風靡台灣。幾乎是同時，陳秋霞將徐志摩的〈偶然〉改為流行曲，同樣大受歡迎。「一片雲」在流行歌曲中的使用也就愈發常見了。邁克在九十年代也曾為黃耀明寫過一首〈我是一片雲〉，不過卻與鳳飛飛版本詞曲完全不同。

這些使用「一片雲」的歌詞，往往都非常沉靜。「片」似乎在形容一種易散難聚、只遠不近的狀態。〈天邊一片雲〉的主題是兩個人無法靠近。三段主歌，林若寧分別使用了「在我天空你是片雲」、「在我家中你是客人」、「在我肌膚你是皺紋」三個不同的比喻來形容二人的關係。雖然距離越來越近，兩個人最終交錯而去，卻總是不可避免。「天邊一片雲」，是比喻一個終歸會離開的人，就像雲彩一樣留不住。

與白光版歌曲相似，〈天邊一片雲〉同樣是一首故作灑脫的歌。整首歌的立意是一種自我開解，因為「你」是一片雲般不可留住，不能長相廝守也不必難過。這種以自然規律來作比的修辭，是用自覺渺小來放下執着。雲朵易散是自然規律，凡人不可改變，將這樣的思考放在戀愛關係上，「我」便以此總結勉強不可為的道理。後幾段之中，詞人又再使用了「搬遷」、「衰老」等多種情形來深化「離去」的必然。

在一連串的這種自我說服下，林若寧在歌詞末尾用了很有趣的一筆。

鳴謝你為晚空帶來風景
像雲霧不會固定
待一覺乍醒　換風景

大家都不染塵

何妨以祝福口吻　恭賀緣分

亦不要殘留怨恨

還未偶遇那天都只不過

你在誰身邊　痛快地擁吻

不知我在俯瞰

〈天邊一片雲〉

........................................................

　　從歌詞開首的「你是片雲」到結束的「不知我在
俯瞰」，詞中的「你」與「我」交換了位置。「我」所
說來去如雲的「你」在與人擁吻，曾經仰望的「我」
則變成了「俯瞰」。林若寧用「換風景」當作橋樑，
由前文一路書寫的自我安慰，到文末要試着解開心
結，在原地等人來去的一個人，也變成了說走就走的
「一片雲」。這種筆觸寫人在情愛中的來去自由如同一
種自然氣候現象，營造出獨特的流動感。若將這一種
流動的感覺再回看鳳飛飛以及白光的歌曲，儘管三者
都有強烈的宿命感，林若寧所寫的歌詞並沒有把主角
「我」綁死在一個固定的位置，讓「我」也進入了一
種變化的循環當中，多了一些禪意。

# 林若寧，很愛蔡明亮

　　「愛情萬歲」或「黑眼圈」不是兩個蔡明亮專屬的字眼。但是當看到林若寧寫過〈你那邊幾點？〉，寫過〈天橋不見了〉，又寫過〈天邊一片雲〉，於是他的〈愛情萬歲〉（鄭秀文）和〈黑眼圈〉（泳兒及周國賢各有一首），還有〈不散不見〉（王浩信），不作他想，應該也是引用蔡明亮作品無疑了。

　　問林若寧本人，他毫不猶豫地說：是，這些都與蔡明亮有關，「我很喜歡蔡明亮的電影和電影名」。

　　關於喜歡蔡明亮的原因，林若寧說：「像喜歡村上春樹一樣，我們那個時代的偽文青都扮愛蔡明亮、敦化誠品和台北文化，可能他不是台灣人關係，他早期的作品所記錄的台灣反而很真實，他的長鏡頭既沒有誇大台灣的熱鬧，也沒有放大人民生活的困窘。另外，他形容人際關係的疏離也是我嚮往的。後來的《天邊一朵雲》和《洞》用上了大量老歌我覺得 cult 得好有型，我也因為《天橋不見了》用上〈南屏晚鐘〉而認識和愛上崔萍。」

在這一組作品之中，最早面世的是〈你那邊幾點？〉，收錄在陳曉東 2002 年發行的唱片中。同名的電影在 2001 年康城首映，相比過去，大大縮短了流行文化從誕生到進入歌詞的時間，大約因為我們的生活已徹底進入網絡時代，流行愈來愈同步。陳曉東在 2000 年有過一首國語歌曲叫〈天亮說晚安〉（林夕作詞），是由〈另一半〉改編。〈天亮說晚安〉與〈你那邊幾點？〉在標題語意上有一種曖昧的承接，內容上又好像是相對的。前者在講相聚的短暫，後者是講長久的掛念，放在一起對讀十分有趣。

　　輪到我晚宴　陽光輕撫你面
　　不可同用晚膳　也想給你糕點
　　揮手一刻　從來不可以倖免
　　獨個在冥想　你那裏幾點？

　　原來想你沒距離　閉着眼便會一起
　　從前的歲月起飛　但我身處原地
　　即使戀不來　離不開
　　不必一起　忘掉我都懷念你

〈你那邊幾點？〉

............................................................

　　林若寧喜歡蔡明亮作品，卻並不是要用歌詞去「翻譯」他一部部影片。他借用的是一種張力。電影《你

那邊幾點》如蔡式所有作品一樣，講都市人的寂寞，這種寂寞甚至不必有強烈的邏輯關聯，而是洶湧的亂序的遭遇和爆發。大部分廣東歌礙於市場關係，多數還是需要有系統的表述，要麼是情緒上的，要麼是故事情節上的。《你那邊幾點》的歌與電影同樣在講有距離的人之間的遙遠共鳴，但歌曲卻要深情且一致得多了，林若寧在歌詞中描述「我」念念不忘地在設想「你」身處遠方的遭遇，用類似「你的海角，我的天涯」這樣雙線並行的描寫，講兩邊奇異的同步和共鳴感。最後一句「忘記你先忘掉我」不知是否與「忘掉你像忘掉我」[1] 有關？

王浩信的〈不散不見〉集合了蔡明亮的《不散》和李康生首次執導的《不見》。兩部電影都是約定、尋找與散聚的故事，所以用來寫成情歌也不困難。這一首歌有很刁鑽的心路歷程，主旨還是在說分手之後要放下一個人是一種功課，說起來容易，做起來難，是自己為自己打氣，也是假裝強悍的訴苦。

《愛情萬歲》的歌曲和電影也有區別。電影中三個台北都市男女在一間空出來的房屋內發洩慾望，尋找溫情，其中各自有複雜的情愫。五月天阿信在同名國語歌曲中，試着去囊括了電影的大部分議題及細

---

[1] 同名歌曲〈忘掉你像忘掉我〉由王菲主唱，林夕作詞。

節，應該算是精準的還原。林若寧的版本則有非常大的分別，他甚至在兩個音樂劇都早已寫過同樣標題的歌詞，鄭秀文主唱的這一首尤其帶有她的個人標籤。

這首歌推出之前，鄭秀文因拍攝《長恨歌》不堪負荷，受抑鬱症困擾，有近兩年的時間放下演藝工作，只為《明報周刊》撰寫專欄。2007年春天，才推出復出之作〈愛情萬歲〉。在這期間，她與許志安的戀情告一段落，而香港的民眾實在太熟悉這一段戀情，紛紛希望兩人可以復合。報章雜誌也在不斷追蹤兩人的情感新動向。歌曲開首的第一句「愛情存在輿論性」很巧妙地配合到藝人當時的形象與狀況，全城流言蜚語討論戀情的慘烈，大概也只有天后能夠體會。不過林若寧說，當初鄭秀文有甚麼新聞他已不太記得，但認為她的力量可以幫被欺壓的情侶發聲打氣。鄭秀文確實唱過許多倔強倨傲的戀情及為天下所不容的戀人故事，結合當時她走出抑鬱的堅毅，〈愛情萬歲〉帶有很積極的能量。

從另一角度看，歌曲〈愛情萬歲〉的內容也反映了香港這座城市很獨特的市井文化。許多人的戀情會在茶餘飯後被議論，因這城市太小了，無論是達官貴人，還是商界名流，婚戀嫁娶都不再是私人事件，市民彷彿都有份。〈愛情萬歲〉這首歌，可能是鄭秀文借林若寧的筆，或是林若寧借鄭秀文的口，試着讓這

些被旁人觀點左右的情侶找到自信與堅持。這比電影講述的內容要更單純直接，也有鄭秀文的明星形象及香港的輿論氛圍加持，電影中的落寞唏噓變淡了，慘情歌也可以充滿鬥志。

《天橋不見了》是蔡明亮的一部短片。在前一部作品《你那邊幾點》中，蔡明亮選了台北新火車站前的一座天橋作主要拍攝外景地之一，電影拍完後，天橋卻被拆除了。這讓蔡明亮萌生了拍攝短片的念頭。陳湘琪和李康生延續了他們在《你那邊幾點》中的角色，湘琪從巴黎回到台北，但因為天橋的消失，她在曾經熟悉的城市裏找不到自己的位置，小康開始參加色情電影試鏡，成為 AV 男優。這兩個角色之後在《天邊一朵雲》中延續，演變出一段柏拉圖式的性與愛體驗。

橋每日每日過　也為你追憶　並無移動的氣力
每日每日過　快不快樂　也未能被刺激
拼命放大你　我沒法心息　失去自己的領域
每日每日過　你的片段　如今只得到嘆息

一東一西分手以後　蕩失不再見
你我之間各自　有你的天　有我的天
即使我眺望橋上　終於也改建
沿着這長橋必須上路往哪一邊

渴望這長橋會伸展最遠天邊

〈天橋不見了〉

....................................................................

　　陳詩慧主唱的〈天橋不見了〉，主題是天橋見證過兩個人的熱戀，但當兩人分手之後，他們曾經在一起的天橋也被拆掉。「我」最後還是待着良好祝願看兩個人各自發展。林若寧同樣用電影影像般的手法來營造畫面感，儘管在電影裏，男女主角還未真的發展出情感，而歌詞則完全是很標準的好聚好散式情歌。詞人用三個情節相連的戲名的三首歌詞，表達「我」的情感認知也愈來愈成熟。歌曲〈你那邊幾點？〉在講迷戀對方相隔千里也心無旁騖的感覺；〈天橋不見了〉是懂得放下與向前看；〈天邊一片雲〉已經到了一種講禪的境界，因緣聚散，天地無常。雖然歌詞未像電影一樣在情節上遞進，在意境上倒是由淺入深，似是一個人的情感成長過程。

　　因為實在太喜歡蔡明亮，林若寧常常忘記了他寫過兩次〈黑眼圈〉。但他肯定兩次歌名都是因為蔡明亮而改。泳兒版本的〈黑眼圈〉與周國賢版本的〈黑眼圈〉是完全不同的兩首歌。泳兒版本的整個氣質與氛圍更接近蔡明亮電影的感覺，取電影英文譯名 "I Don't Want to Sleep Alone" 作詮釋，寫的是「我」一個人睡去的感受和情緒。

泳兒版本是一首訣別之後的寂寥之歌。整體的修辭方法可說沿襲自林振強〈傻女〉而起的借物寄情，每晚「我」像抱你一般抱住玩具熊，細想也是另一種「穿起你的毛衣／重演某天的好戲」。

　　熟睡後才能被真正抱擁
　　就讓浪漫搖籃樂耳邊奉送
　　舊樣貌仍然活於我眼中
　　回憶方式於世上有很多種
　　熟睡吧無謂令雙眼發腫
　　又在熟絡回頭路四出亂碰
　　道別後仍然熟悉這晚空
　　從霓虹燈光裏目送　你已經失蹤

泳兒版本〈黑眼圈〉

............................................................

　　副歌部分「熟睡後才能被真正抱擁」可以說是一種反語，反襯出「我」真正的孤獨，顧左右而言他地表達 "I Don't Want to Sleep Alone"，因現實總是讓人不快的，熟睡之後就會忘記這種低落的心情和狀態，像是在追求退而求其次的安寧。

　　這種氣氛確實與蔡明亮講的都市中低階層男女的孤寂相通。熟睡之後閉上眼所看到的種種，也很像是佛法所講「見猶離見」，所不同的是在歌詞中，「我」

熟睡之後的舒適很可能是一種自我安慰而不是真的釋懷。畢竟這樣的自言自語，只有在「我」未入睡還有意識之時可以講得出，真正入睡以後又如何知道夢境會讓自己好過呢？整首歌詞語調平淡，實際只是「我」的自我催眠，在為自己落單而感到痛苦折磨。這首歌應該是這麼多林若寧借用蔡明亮作品之中，最靠近電影內容的一首。蔡明亮的電影幾乎都是孤單個體相遇再碰撞，他們都有強烈的自我邊界，也不自覺地自省着，真實地感受到自己的痛苦。

周國賢版本則選用了另一種破題法。「黑眼睛」是指兩個人相愛的證據。兩個孤獨的人相遇了，於是在夜晚用盡一切時間了解對方，不捨得睡眠。留下的黑眼圈愈黑，則代表兩人夜晚交流愈深。

> 黑眼圈概括我們一切　戀愛將世界化成很細
> 只見得慢慢地從眉目呼吸的幼細
> 荒誕的市鎮霎時荒廢　三四點與你唱遊星際
> 黑眼睛是臉上銀河系最亮發光體
> 夜了　睡覺不重要
> 共你開玩笑　是那麼重要
> 未理 一朝工作表
>
> 疲倦也別沉睡去　當你於染色體裏
> 拿走你　夢境抱着誰

數十萬綿羊　數到二零六對

經不起因你而陶醉

寧可　起身約會你星之旅

（床鋪　這一半亦印有淚水）

周國賢版本〈黑眼圈〉

............................................................

　　這可說是林若寧早年媲美〈笑忘書〉的另一首極
為成熟的作品。第一句已單刀直入主題，每一段主歌
都用「黑眼圈」起，詞人用兩種不同的抽象手法訴說
「我」所認知的黑眼圈是甚麼，進入副歌再慢慢從虛
到實，寫「我」對「你」的陶醉情緒。歌詞寫得若無
其事，但用情至深，這在〈你那邊幾點？〉也有，都
在為另一半打破定律。〈你那邊幾點？〉的想像和虛
無，在周國賢版〈黑眼圈〉也非常具體；詞中的最後
一段更從黑眼圈這樣遠觀的體徵，再細寫皮膚留下證
據。在整篇結構上，從夜空到市鎮，從床畔到肌膚，
寥寥數筆就寫出一個癡情人想像中的天地，有遠有
近，有粗有細。即便意境只是純粹的情歌，也因為面
面俱到而令人觸動。

# 時代病，全人類如我

　　洪卓立參加英皇新秀歌唱大賽出道，初期獲得唱片公司力捧，尤其以第二張個人大碟《GO!》成績最好，當中主打歌〈彌敦道〉（頡臣作詞）成為很多年輕歌迷的 K 房之選。歌詞之中，「一經信和暴雨瀉」尤其點中當年信和次文化中心的餘暉。另一首林若寧作詞的非主打〈我的獨立時代〉融入了香港的地標建築，同樣值得討論。

　　陳奕迅曾經有一張大碟叫做《我的快樂時代》，雖不是他銷量最高的唱片，卻被許多人視為心頭好。洪卓立從來也不諱言自己受陳奕迅的音樂影響頗多，正如林若寧談論林夕也如是，於是〈我的獨立時代〉就像是一種呼應，一種致敬，或者一種同題寫作。不過對應的不是〈我的快樂時代〉，而是同一張唱片中的〈黃金時代〉（兩首皆為林夕作詞）。

> 你我永遠不肯定愛不愛誰
> 約不約定誰
> 黃金廣場內分手
> 在時代門外再聚
>
> 〈黃金時代〉

〈黃金時代〉用了一個已廣為人知的語彙，實際是玩了一個文字遊戲。「黃金時代」不是指希臘神話中的某一個人類年代，也不是王小波的小說，而是黃金廣場和時代廣場兩個上世紀末香港人常常購物的熱門勝地。林夕點出這兩個當年的地標，從購物開始寫起，檢視年輕人的情感慾望。歌詞中不同的情感態度，隱含了人們對愛情、對性、甚至虛擬情感等多種關係夾雜的複雜心情。

　　〈我的獨立時代〉同樣有多個地標，比如置地廣場及黃金中心。它的引子也同樣是在寫購物，歌詞整體也更專注在購物這件事。「獨立時代」是一種修辭，指的是每一個個體的自我意識及自我認知。在 A 段第一節，林若寧用名牌與制服相提並論，開宗明義地將二者連結，「每位近似 / 這是潮流」，所有人都想用名牌裝點自己，令自己顯得特別，但卻變得千人一面，人人相似。第二段的「亦戴別注 / 舊環保袋」，說出了潮牌時尚行業的吸引力法則，顧客們因相似的指引，買到類似的物品，再變成類似的人。

　　排隊　於置地輪候
　　人人像我　名牌都想搶購
　　穿起制服　每位近似　這是潮流

　　人海　想盡量隔開

穿梭地鐵　迎面數百人站於月台
無奈你亦戴別注　舊環保袋　害怕相似而變改

似我實在太多　多一個無多　限量亦有幾千個
我在黃金中心一走過
潮流人亦到齊　如何從人浪裏來尋找我
個性並沒太多　焦點也無多
怕碰着同類　走上量度秤砣
恐怕問因何　全人類如我　怎麼還要多一個

〈我的獨立時代〉

　　林若寧點出了自我缺失的時代病徵，很多人想要
讓自己在人群中脫穎而出，反而迷失了自我。在物慾
高漲的年代，一個人竟然如此害怕有人與自己相似。
回望〈黃金時代〉，林夕筆下的消費者甚麼都想要，
甚麼都想試。二者之間正好相隔十年。這樣的改變記
錄了商品時代對人的影響：躁動，也是盲從。這種焦
慮在林夕的筆下不明顯，或許因為他落筆先把「我」
省去了，由一連串動作開始，再接連以對「你」的疑
問建立整篇的邏輯；在〈黃金時代〉裏，「我」出現
的次數不多，更像是一個半隱藏的視角。

　　〈我的獨立時代〉完全以第一視角建立歌曲的邏
輯：「我」的行為——買與觀察同類，「我」的焦慮——

「似我實在太多」；最後一段還再深一層，講「我」的自我反思。相比〈黃金時代〉所描寫的狀況，「我」變得更孤獨了。年輕一代經歷了從放縱到「毒」的自我文化認同。〈黃金時代〉中的「我」焦慮的是自己和「你」的關係，〈我的獨立時代〉卻全盤在焦慮自身的存在價值，人與物的關係變了，人與人的關係也改變了。

# Kidult，
# 還是「傑斗」？

　　Kidult 概念據聞八十年代已經在英國見報。初時這個詞指長不大、不能承擔責任的成年人，形象較為負面。在九十年代無厘頭文化盛行，許多成年人毫無壓力地追捧着各種年輕人文化，過往負面的感覺似乎就慢慢沖淡了。《JET》雜誌 2004 年五月號做了一期專題，以陳奕迅背 LEGO 公仔作封面，細細拓展了 Kidult 這個概念。在這一期雜誌中，編輯將 Kidult 一詞中文翻譯為「傑斗」。這個中文翻譯之後少有傳用，大家都還是使用 Kidult，不過這個概念卻從此慢慢變成一種正向的生活態度，被用來指代熱衷年輕人文化（往往是次文化）的成年人，保持了童心和好奇，以孩童心態處事，變成了讓人嚮往的生活方式。應該說，次文化的不斷演變造就了 Kidult 出現，傳媒只不過為這種現象改了一個名字，製造了一種深入人心的標籤。

　　蒐集及閱讀林若寧的歌詞未全時，曾武斷推測，但凡次文化題材，一定可以在林若寧的作品裏面找到描述。後來一看，倒有些批中了。

黃偉文在 1999 年曾寫過〈孩子先生〉，是處理類似題材的早期代表作。幾年之後，林若寧為李克勤填了一首〈Mr. Children〉。兩首歌都在 Kidult 語境下借用日本樂團 Mr. Children 做歌名，但主旨不同。〈孩子先生〉講成長的殘酷，有童心的人進入大人世界的不適應，〈Mr. Children〉更貼近後來整個香港討論 Kidult 的氛圍，支持不長大，懷抱童趣地面對一切。

　　廣東歌歌詞以拼貼方式寫流行文化元素，林夕為彭羚所作的〈多謝芭比〉（1999）似乎在當時新打開了一種可能性。在這首歌中，林夕每一個副歌都使用大量流行符號混搭而成（拓哉的眼睛／戴妃的背影／看川久晚裝／試方太菜譜），世紀末的流行文化紛雜絢爛，經過這種調和之後，以流行歌曲為呈現方式，顯得尤其具衝擊力。但細細想來，並不是林夕完全憑空將不相關的事物放在一起，而是這種混搭的肌理本來就是日常中大眾並不陌生的現象。林夕不是虛擬了一些搭配，而是用提取和挑選的手法畫出一個調色盤，這種歸納能力展示的是這座城市鮮活的文化氛圍。

　　林若寧就生活在這樣的氛圍裏，當他加入填詞行列時，這種拼貼的作品，尤其是要表現香港人精神追求的時候，便會大量出現。〈Mr. Children〉描繪成年男子的夜生活，如果拼貼在〈多謝芭比〉中透露出前衛，此時已完全是生活化的再現。這些次文化的集

結，是要再現我們實際體驗的現實。

我最想　像各界潮人
每套新衫　亦掛上猿人
怎麼着怎麼襯　只需覺得吸引
我造型似大人似細路又換件背心

我最喜　麥加登的變身
過去的卡通　今天的擁躉
一雙腳踩低市鎮　睇得我很興奮
聖鬥士鐵甲人殺壞人

聚舊派對　一班損友今晚不必歸家
高聲喧嘩　多麼的高音彷彿初中那一支結他
擔心睇化　只恐怕衰老我會似柏金遜可怕
年輕一朵金花　長期持續發芽

〈Mr. Children〉
..........................................................................

〈Mr. Children〉像是現代人的流水線生活，從地點、穿著、駕駛等閃回的剪輯，到談愛好與聚會，從眼花繚亂到左右逢源，是精彩也是喧嘩。林若寧寫這樣的歌詞並不輕鬆，這首歌寫了七八次仍未達到李克勤的要求，其中俏皮的感覺並不容易掌握，他認為自己的歌詞沒有年輕過。

很快，林若寧又寫了一首〈Mr. Adult〉（陳柏宇）。主題略相反，寫幾種想要試着長大的年輕人，有的人變得追求實際，有的人變得對愛情失望。這首歌寫「我」面對玩伴改變的心情，有唏噓有無奈，也在用一種更中立的態度看新舊兩種生活方式，長不大有美好的一面，但長大卻無可避免。在其中一種形態裏，這首歌少有地寫到了文學夢。這個人物類型的選擇頗有趣，成長陣痛的歌詞多數講玩樂嗜好，次文化崇拜，提到文學夢想不算多，尤其在今昔對比的狀態內。

> 有個奮鬥成作家
> 後現代地文學化
> 熟練明喻法　悼念那活躍的年華
> 昨日有本領去作文
> 其實最鍾意講大話
> 還講得似專家
>
> 每天一些一些進階亦必須接受
> 放縱歲月難在你生活逗留
> 模型車　籃球框　從前的朋友
> 隨話題越來越微薄但紀念冊越變越厚
> 好東西走了而日子不退後
> 那惡作劇還在記憶內漫遊
> 若你共我都躲不過詛咒
> 成年是個必經關口　期望會玩夠
>
> 〈Mr. Adult〉

往回看一切都美好的光環，新不如舊的執念，在這首歌內倒也沒有被否定，只不過過去再美好，也始終過去了。歌曲末尾寄情相簿，也是一種「莫奈何」。

寫給關智斌的〈預言書〉，用更情緒化的書寫方式來做拼貼，是另一種 Kidult 形象。

〈預言書〉是講一個人的成長故事，借一個流行符號的興衰來印證。萬能俠就是這個符號。萬能俠是日本漫畫家永井豪創作的機甲角色，在七十年代經麗的電視引入香港，並配音播出，大受歡迎，後來熱潮慢慢退卻。林若寧在歌曲第一段就寫曾經熱愛萬能俠的「我」看到經濟起飛，放下了自己的夢想，轉而投身社會。

次文化 —— 漫畫、公仔等 —— 總是成為這類符號，它們與逝去的青春和夢想關聯，另一邊則是香港社會的「講實際」和「求經濟」哲學。這種兩邊拉扯的價值與人的唏噓大約算是一種常見的歌曲類型。而在香港，這一類歌曲有非常穩固的市場及產量。無論是唱片公司判斷準確，還是聽眾受影響觸發了情感，這種共鳴顯然是具備都市共有的感觸。

> 萬能俠大熱漸成歷史　彷彿一世紀
> 穿梭機附運舊時夢想　升空中跌死

為了生活而放棄　　要奮鬥來贏盡厚利
世界是大人遊戲　　那幼稚預言誰謹記

時光機　留給你　回憶裏　誰帶路
假使間給你再做　問你又會否寄望更高
傻瓜機　留給你　誰歡笑　誰憤怒
想當初預言無數　世界有太多變數

〈預言書〉

動漫人物與現實生活的對立，一定不是詞人憑空捏造而來，必定是無數年輕人長大過程中的經歷。或許這也是 Kidult 變為一種生活方式且得到支持的原因，很多人不想被迫捨棄自己的童年愛好，他們希望這種記憶和情感能伴隨他們走入成人世界。這種無奈在〈預言書〉裏被用作一種比喻，「預言」更像是一種必然到來的詛咒，人一定會長大，便一定會捨棄掉一些夢想。這個比喻從畸形的殘酷裏寫出了宿命的感覺。或者也可能為這個城市的成年人在崩潰邊緣製造了一些緩衝，聽過這樣的歌曲發洩之後，他們是否就可以有意願來改變自己，不顧他人眼光追逐自己的童趣呢？

慨嘆光陰只可燒一次
習慣唱致敬青春的歌只愛談往事

懷舊是借個說法替我殺死了現時
逃避了　遺憾了　有甚麼的意思

明日放走我比卡超　迎接日後
對不起　難再念舊
放開手　讓四驅車易手
由下個擁有亞基拉　忘記玩具
布公仔　甜美熟睡
放心走　任我於生活遊

〈玩具成熟時〉

............................................................

　　林若寧在 2020 年的作品〈玩具成熟時〉（吳業坤）
沿着這樣的思路想多了幾步。這首歌同樣也有很多玩
具及公仔出現，「我」開始思考這些符號如今對自己
而言是否只是盡一種懷舊功能，想念玩具只是為了逃
避現狀嗎？通篇思考角度讓人想起彼思動畫作品《反
斗奇兵 3》，故事主線是男主角要離家讀書，決定將自
己從小珍愛的玩具送人或捐出，引發了一眾玩具的存
在危機。玩具不被需要會很傷心，主人又到底需要玩
具嗎？

　　在過去黑白兩分的敍述中，現實與夢想，工作與
玩具，是兩種非常鮮明的對立關係。「懷舊是借個說
法替我殺死了現時」是新的金句，它跳出了過往設定

好的緬懷氣氛，讓「我」反省自己的位置。如果玩具本身也只是工具，放下玩具進入另一種生活或許也不完全是負面。這一種解說是真心，是自我開解，還是麻醉自己，聽眾不得而知。不得不承認，市面上許多歌曲，在重複借用過去的歌詞邏輯。如前文所講，其中一種就是以 Kidult 鍾愛的文化比作夢想，去追憶過去的甜美，抗拒現實的麻木。是時候去體會這種情緒的複雜與立體，有些事並非只有兩面，多提供一個角度，讓歌詞不必淪為純流水線商品，恐怕也是很多人喜歡討論歌詞的原因。若真的全靠方程式，它的力量也必然愈來愈微弱。

# 成人童話，宛若小劇場

　　有了網上串流聽歌之後，本地歌手製作歌曲也改變策略。以往一年出兩隻大碟，一邊出碟一邊不停派歌上台。如今變作每季度派一隻歌，幾年後再將派過的歌集結為大碟推出（有的歌手為控制成本甚至只出EP，十首歌的大碟愈來愈少）。李克勤在 2020 年宣傳即將推出廣東大碟《格林童話》，錄音從 2019 年已開始進行，但大碟延遲數年，最後終於在 2023 年 5月以標題《大人的童話》發行。大碟的九首歌曲以童話映照現實，其中四首由林若寧填詞，當中最點題的是〈格林童話〉。

　　〈格林童話〉的旋律有許多密密麻麻的長句，編曲用到有迴旋感的四重奏配器，音樂影片（MV）也在一個搭建的蝸居內拍攝，一鏡到底，攝影機 360 度慢慢掃過，一對情侶從熱戀到分開的過程也展現在觀眾面前。林若寧的歌詞同樣也與歌曲的這些要素互相配合，這首歌呈現在大眾面前是一個非常完整的概念。

　　多長句，吐字密，對廣東歌詞的面貌有很大影響。同時，也使得用歌詞進行完整敍事成為可能。〈格

林童話〉與通常的流行歌詞有一些分別，這首歌在歌詞內容上沒有重複的段落，每一段主歌都不同，每一段副歌亦都不同。

　　林若寧的筆觸與 MV 開始的鏡頭彷彿同步，從一對情侶在新居開始新生活寫起，寫到懷孕生子，再寫對未來生活的美好期待。到第二段，林若寧不動聲色地開始寫婚姻出現問題後兩個人的心態。其中有一個非常巧妙的懸念，歌曲的旋律並不是傷春悲秋型，而是一首節奏輕快的中板。因此，第一段的甜蜜歌詞聽來非常理所當然，也使得第二段主歌開始時，問題的浮現讓聽眾產生了一個小小的懸念，這一對情侶之後會怎樣？

　　在　童話國打造　鞏固堡壘圍着愛慕
　　從未信　俗世那一套　「一結婚會等於墳墓！」
　　合作整電燈　再整蛋糕　小小蝸居一起打掃
　　期待肚內那個嬰兒要怎樣抱

　　從偉大航道　行到倔頭路
　　時代再壞你也給鼓舞
　　教子女長長字母　講到同偕共老　預見美好

　　你我編織愛情童話一臉自豪
　　暴風雨內更滿足地起舞

明日到一千歲我們還擁抱

估對方肥胖會更早

誰也講消失愛情城堡只有地牢

或者世上有愛的樂土

長了白髮互相剪去苦惱

我們如此一輩子　小確幸的兩老


但　童話最荒謬　總有醜態難被接受

年月過　便引發批鬥　短處數到擔心會遺漏

善意的付出　已經沒收　瘡疤一天天的深厚

承諾漂亮但那感情已經沒有


埋怨六年後　投訴十年後

甜蜜慰問也聽出詛咒

鬥子女由誰贍養　吵架然後內疚　便要放手


你我撕開愛情童話一對叛徒

暴風雨內會變得極恐怖

還未愛多一歲已無緣擁抱

憎對方肥胖太過早

難過已消失愛情城堡只有地牢

或者最後已種出雜草

長了白髮互相剪去苦惱　說就說得很美好

〈格林童話〉

當發現第二段副歌與第一段完全不同時，懸念就更強了。如果以傳統歌曲的創作方式來看，這是非常先鋒的一個舉措。僅僅靠聲音和時間維度的展開，受眾像打開一幅卷軸，從順理成章到慢慢產生錯位，使得歌曲也可以產生敘事的懸念。儘管等到敘事完畢，聽眾可能鬆一口氣，情侶從相愛、到爭執、再到分開是一種並不少見的形態，林若寧的創作一步步揭開面紗的過程，仍然使這首歌多了一些與眾不同之處。

從一開始，他寫兩人想打破「一結婚會等於墳墓」的宿命，到後來，慢慢宿命應驗，方才照應了《格林童話》的本質。《格林童話》本身是寫給成年人看的民間故事，並非給孩童的啟蒙書。很多現在童書裏津津樂道的故事，原版曾經都有很可怕的結局，在不斷口耳相傳的過程中，慢慢去掉了成人化的部分，變成了如今我們看到的情節。

歌曲〈格林童話〉，則像是將修剪過的故事慢慢恢復成真實的樣貌。它帶有小劇場的一些架構和氣質。雖則歌詞內容寫出了愛情的殘酷，林若寧也沒有講大道理，更沒有去定義愛情到底為何物。這種帶着淡淡哀傷的觀察，保持了一個最佳的距離。故事到最後也毫無控訴，兩位分開的戀人最後多少釋懷了，淡淡的遺憾沖走了怨毒，使得整首歌有始有終，結構完

整，又有漂亮的起承轉合。謝幕曲〈這個故事教訓我們〉內容並非說教，主旨在說，每個人的成長都不相同，他人的經驗未必可以放在自己身上，不妨試着不後悔地去體驗自己的人生。這講法不算獨特，不過至少公允。如何理解以及重新講述童話，一定也與現實不可分割，童話到底還是建築在現實之上的故事。

# 新世代的離別之歌

　　2020 年至 2021 年，香港再現移民潮。本地也多了很多講兩地掛念的歌曲，如〈今天世上所有地方〉（潘源良作詞）、〈思念即地獄〉（黃偉文作詞）、〈在月台上等你〉（陳詠謙作詞）、〈係咁先啦〉（MC $oHo 作詞）等等。林若寧也有相當數量的新作涉及這一主題，其中有洪卓立主唱的〈你那邊好嗎？〉、張敬軒主唱的〈On My Way〉，以及容祖兒主唱的〈明天見〉。

　　關於兩地掛念或送別之作，在八十年代末期曾迎來一次高峰。葉蒨文〈祝福〉（潘偉源作詞）、陳慧嫻〈千千闋歌〉（林振強作詞）及達明一派〈今天應該很高興〉（潘源良作詞）都是其中最具有代表性、也傳唱最久的歌曲。如今再有大批市民離開，有傳媒或旅客在機場拍下大量相片或短片，整個氣氛與當年已不可同日而語。除了民眾個體的私人記憶與經驗，社交平台上的各種內容製造了更大的共鳴，整個城市也沉浸在離別的氣氛之中，這樣的氣氛自然會催生流行歌曲去呼應。

林若寧所撰寫的這三首歌曲，基本上反映了目前處理離別議題的幾種主流的想法。如今的跨境離別不同於八九十年代的離別。當初的分離可能是永別（回流或是意外，林夕作詞的〈本色〉可以看作是回應），信件能承載的情感始終有限，很強的關係和羈絆才能戰勝地域。現今人與人的距離已經不同，如果兩個人分隔兩地，但仍可以繼續保持聯絡，是否離別就更輕易？

　　〈你那邊好嗎？〉在講述距離對人及對關係的改變。林若寧有意識地在歌詞中營造「兒時」和「從前」與「現在」的分別。這是非常正路的破題角度，聯繫現實情況，所有人都可以天天「見面」，既然如此，傷從何來？疫情期間所有人深居簡出，用線上作業的方式生活，大家都明白這種改變帶來的影響和感受。離開，如今不再是消失，但卻是無法觸碰之「近」。以往移民潮的難過來自離別的傷痛，現在的不快則來自於落差帶來的唏噓。

安頓未來　流離大概少不免
各有各被迫高飛　哪裏再遇見
兒時鬧着玩來調侃我　惡霸已馴良一點
幾時一起罵戰

從前好知己　分開天與地　三個人再見

從屏幕說動態　熟悉一張臉　生疏竟然掛念
快樂請你笑多點　生氣無需黑臉　一空閒要致電
幾多週年有聚會再見？

〈你那邊好嗎？〉

........................................................................

　　要讓這首歌觸動聽眾，就必須去呈現「落差」帶來的體驗。所以林若寧講了三個兒時玩伴天各一方之後不斷通訊又變得生疏的故事。香港的創作者往往懂得挖掘人與人之間交際的一些默契和偽裝，這顯然是這個城市幾十年來積累的文化氛圍。用屏幕隔開面容，正好可寫出一種佯裝快樂的面具。題材的先天優勢與詞人的紮實敘述能力營造出生動的畫面感，詞人點破快樂不等於笑臉，也點破「常見面」的客套，這些皆是城市中日常的禮儀在網絡上無法彌補離散的失落。結尾兩句點題且昇華，用很現實的口吻講述了人們分開的尷尬，也講出對虛擬人際相處的不信任。

　　〈On My Way〉是此類歌曲中少有以「離開的人」為主視角演繹的作品。無論是八十年代還是 2020 年代，多數的歌曲都是講留下的人如何送別親友，如何掛念從前。畢竟廣東歌一直多以香港為本位，具有強烈的在地意識。歌曲在香港播出，自然是以未離開的人為主角，更能引起共鳴。〈On My Way〉選擇從另

一個角度來講述離別，或者也是訊息傳遞進步之後帶來的思考。三十年前，留在本地的人並不能及時知道移民他鄉的港人如何生活，有何際遇，雙方步調並非一致。當全世界資訊暢通之後，明白身在異國的具體處境，人們更能思考和想像另一種經驗，在思念的情緒之外，理解離開的人會面對怎樣的議題。

　　林若寧用背包和塔尖作意象（後者應是為了配合張敬軒的演唱會視覺設計），描寫離開的人所處的境地和他們所能有的依靠。假如潘源良寫〈今天世上所有地方〉是為遠方打氣，〈On My Way〉就是為自己補充能量。

　　　沉重背包懷着了多少盼望
　　　遙遠記憶正搖晃
　　　共往日自己　今天竟天各一方
　　　但我此刻身在哪方？

　　　爬上塔尖難避免渾身不安
　　　還有那些快樂和沮喪
　　　問自己為甚麼一口氣衝向他方
　　　但我不想要答覆
　　　我早知遇到風浪

　　　I am good I am fine I am alright

I still fight I still try I am alive

孤獨是必需品　希望是必需品

生活是此刻感覺風一陣

〈On My Way〉

......................................................................

　　對於離港人士的處境，坊間多有不同言論。有報道說他們積極生活，也有新聞說異鄉不易。〈On My Way〉並不回應這些意見，甚至很多地方是略去不表的。「不想要答覆」的欲言又止，讓人可以察覺到香港創作環境的改變。「孤獨」與「希望」是必需品，是克制又正向的表達及鼓勵。其後類似的結構和位置上，林若寧選用了多個對比的修辭，有「一路或許驚心／一路或許安穩」，有「喜劇上的傷感／悲劇上的喜感」，也有「分別浪跡一生／分別落土生根」，在非常澎拜及勵志的編曲配襯下，強烈地指向一種複雜性。

　　〈On My Way〉與張敬軒二十年前的成名作〈My Way〉相比，更加成熟也更加透徹。〈On My Way〉本身為了呼應舊作，歌曲末段用回了當初〈My Way〉的一些英文歌詞。前作是非常堅定要實現自我價值的追夢之歌，新作則不再是一面倒的打氣。堅持仍舊是主題，歌者與作詞人還是在複雜的環境中選取了樂觀的態度。

輪廓沒變　神態沒變

活躍於面前工作　繁忙但正面

朋友盛宴　自你飛得比較遠

快樂如像往年　獨欠一張笑臉


藍天空一片　迷惘你偶爾都少不免

期望你會遇上新朋友　在那邊

〈明天見〉

．．．．．．．．．．．．．．．．．．．．．．．．．．．．．．．．．．．．．．．．．．．．．．．．．．．．．．．．．．．．

　　容祖兒所演唱的〈明天見〉氣氛已截然不同。每一段主歌開始，詞人反覆用了多個「沒變」和「如常」努力地描繪一種正常的都市生活。「迷惘你偶爾都少不免」和「難免要應變新的挑戰」將現實的無法相見寫作為等閒。「快樂如像往年」，這是一種如同〈今天應該很高興〉的修辭，還是按歌手形象需要而選用的口吻？

　　在末尾，林若寧寫「還會夢見／是你清楚的笑臉／寄望雲上鳥兒／代我講聲再見」，看來也仍然將「再見」視為虛幻。據此再回溯整首歌詞，又覺得很多「如常」像是自我安慰的虛構。再聯繫歌手本人的狀況，容祖兒推出這首歌時，把它放在大碟《薛丁格的貓》作為末尾隱藏曲。容祖兒整個事業重心已經移往大陸，更幾乎放棄爭取香港的音樂獎項，這在過去也是不可思議的現象。到底是見還是不見，就更難猜了。

# 直播詞曲創作

一切源於一次實驗。

Eric Kwok（郭偉亮）希望在一個小時之內創作出一首廣東歌，並讓公眾觀看創作的全過程。於是，他找到林若寧擔當填詞崗位，在錄音室開網上直播，讓網友全程見證。

2020 年 8 月 27 日晚上 9 點，挑戰正式開始，整個過程面向香港及馬來西亞直播。Eric Kwok 說，因很多人問他平時創作靈感如何得來，他想藉此機會讓人直接看，比用語言解釋更加好。他認為誰都可以用一小時作出一首歌，只是質素好壞而已，更強調靈感有時候就是逼出來的。

在尋找作品主題時，Eric Kwok 開口道：我們不如作一隻歌就叫做……有沒有一首歌叫〈我不如〉？

就這樣，〈我不如〉的歌名先確定下來。Eric Kwok 根據這三個字的廣東話音發展出一小段旋律，再慢慢把這一小段旋律擴展開來。他同林若寧討論，

覺得「不如」可以是一個動詞，也可以是一個副詞，前者表示一種比較，後者表示一種提議或選擇。於是林若寧便根據「不如」的這兩個意思，開始填寫歌詞。

遺憾是，Eric Kwok 在完成整個旋律的過程中，感到有部分細節未完善。〈我不如〉最終未能在一個小時之內完成，不過卻也七七八八。這是廣東歌歷史上很少有的一次，聽眾可以即時見證創作者創意從無到有的過程，也可以見到靈感與技藝在廣東歌創作中的相互作用與輔助。

這件事之所以能成立，前提是廣東話本身的通俗特性，以及廣東歌重在口語表達的特性。幾乎隨口的幾句對話，創作者即可從中找到一個能夠發展的概念。同時，這首歌又是一首很典型的作品，呈現了廣東歌在 2000 年之後的重要手法：重視一詞多義在歌詞（尤其歌名）中的運用。因為一詞多義，詞人可以根據每一種意義進行不同方向的寫作，令歌詞變得非常充實。

〈我不如〉交由新人曾比特主唱，2021 年 1 月正式推出，很快就獲得好成績，傳唱度頗佳。旋律悅耳固然是優點之一，歌詞所創造出來的情緒，也具備相當的感染力。香港的填詞人，很早已經懂得把握歌手與聽眾之間的位置。歌手演唱，歌曲再經過傳播途徑由聽眾接收，本身是一種訊息傳遞的過程。聽眾可

以是這件事中的第二者，即歌曲訊息本身就是想直接傳達給聽眾，也可以是第三身，即以旁觀者身份去觀察，看歌手將一首歌唱給其他人。又或者，聽眾代入歌手的第一身視角，將自己轉化為演唱者，也就是曾經紅極一時的 K 歌帶來的魔力。

　　詞人們早就發現，在此過程中，聽眾無須是歌手的傾訴對象。唱歌，可以是以一種自言自語的形式，聽眾以近乎偷窺的角度，聽到歌曲營造出一個封閉的空間，由歌手唱出心事，這些訊息不見得需要有接收者，藉着這種類似偷窺的方式，有助增強感染力。這種表達方式，凸顯了歌手本身的自我意識，或者說，包含了詞人的自我意識在其中。

　　　我不如過街老鼠
　　　人人亦是個判官審判我壞處
　　　令你羞恥有餘
　　　如果抱住　誰都叫住
　　　我不如野生箭豬
　　　時常亦令你刺傷醜化美麗公主
　　　比賽幸福你會輸
　　　最壞評語　我外形玷污你眼珠

　　　我不如一個人
　　　我卑微像一片塵

污染人毀了人糟蹋人

只惹人痛恨

〈我不如〉

.................................................................

　　〈我不如〉就是如此這般自言自語。在整個廣東歌版圖來看，這種設計並不新鮮。曾比特當然不是外表俊美型的偶像。這種自言自語的卑微形象，在流行工業歷史上被反覆證明成功過。在他之前，有更多更慘情的歌手以此成名。大家會很清楚記得有以〈好人〉出道的側田，還有〈原來她不夠愛我〉的吳業坤。傳媒沒有像談論〈痛愛〉，或者〈寵物〉，或者〈愛與誠〉那樣討論〈我不如〉當中的自卑和自憐情緒。「我不如過街老鼠」與「我不如野生箭豬」等詞句，的確也是同「做隻貓，做隻狗，不做情人」（〈愛與誠〉）相似的情緒傾吐。創作過程的破格，與創作內容的某種「復古」，產生了有趣的衝撞。

　　這些詞當中都有一個對象「你」，詞人將歌手放在煞有介事的位置，卻並不打算讓文本變成一次真的面對面剖白。一切都是歌詞中的「我」獨自的宣洩。這樣的潛台詞才讓觀眾對歌詞中的第 身投以同情。

　　也因有了諸多卑微的「名作」，相信聽眾對類似

的刺激也不再那樣敏感。時下人們多數已不太追逐「卑微」的情歌，聽眾們都不再訝異了。

　　令到歌曲能廣為傳唱，還要歸功於詞曲同步的過程。以「我不如」三個字的廣東話音轉化為旋律走向，再發展出副歌，保證了詞曲配搭，旋律又朗朗上口，因此推出即熱播也不奇怪了。它的特別，並非文本，而是結合了直播創作過程的整件事。某種意義上，我們可以認定，流行歌曲的創作方法也是作品的一部分。尤其廣東歌對字音有如此嚴格的要求，創作方法最直接影響到最後作品的面貌。〈我不如〉的文字內容及這首歌的整個創作過程，應合起來視為一件作品的整體。單從平面文字來看，或者不出奇，但卻是一次值得一記的創作實驗。

# 真正的學生心事

　　學生一直是廣東歌的重要消費群體，但一直以來，真正描寫學生生活狀況及心理情緒的歌曲相比之下只佔少數，學生聽眾幾乎都在消費音樂工業為成年人創作的歌，又或者是成年人為學生所設想的價值觀，亦或者是社會希望學生群體秉持的價值觀。許冠傑在 1978 年推出的歌曲〈學生哥〉，歌詞由許冠傑與黎彼得合寫，二人顯然是以過來人的身份對學生進行規勸，歌詞宛如學生守則，以口語織就全篇，寄語學生認真學習，靜思己過，日後自食其力。

　　八十年代城市民歌在學生中有不少擁躉，這一類歌曲有強烈的文學意味，多數仿效新詩寫就，常有物我兩忘的哲理於其中，卻也與學生們的現實生活無關。另有一類驪歌，歌詞往往抽象寫別離之情，偶爾有一兩處細節提及校園，在不同的年代也都受到學生歡迎。李克勤〈告別校園時〉、梁詠琪版本〈Today〉、Shine〈十八相送〉、Twins〈我們的紀念冊〉都屬此類，作詞人下筆有不同，但大致方向都類似：彼此珍重祝福，此情不變。

邁入新世紀後冒起的青少年偶像組合，歌曲以初戀和追夢為主題，成為諸多學生的集體回憶。於當下再回顧 Twins、Cookies、Shine、Boyz 等組合的歌，不難發現林夕與黃偉文用了非常巧妙的迂迴手法，寫出感性及抽象的歌詞，敘述純粹的情緒，例如緊張、忐忑、憧憬、熱血、甜蜜等等，借助偶像們的形象，令一首首歌曲深入人心。但以上這些創作角度，與過去陳美齡、陳秋霞、露雲娜、杜麗莎等童星或青少年歌手所唱的歌曲並無差別，都是以成人世界的運行規則和價值觀猜度年輕人的想法，單單提取情愫，揚長避短達到效果。初戀、友誼、親情，記錄一次又一次歡樂的時光。

　　藝人通常會去迎合大眾想像，無論是無意識也好，還是唱片公司授意也好。又或者，他們會經由包裝，為大眾提供一種觀看的角度。年輕流行歌手展示出來的形象和文本，更多是旁人怎樣看他們：學生 / 青少年在大眾心目中應該想甚麼，做甚麼。Twins 等偶像的歌詞中，並非沒有加入自我意識，但常常也還是從眾，以戀愛和學校生活來命題作文，其實多少還是早熟了。

　　真正以學生為主體的歌曲實在不多，學生到底在關心甚麼？其實如同成年人朝九晚五，學生則天天返學，每日要處理自己與老師、同學的關係，也要處理

自己與學業的關係。這些關係，並非簡單幾句一起過關、加油努力、好友共同拼搏就可以講清楚。所以，以往以銷量為先的唱片市場，也無意推出有自我意識的學生偶像。

2020 至 2021 年，本地聽眾對新人的渴望及推崇，令唱片業逐漸改變過去的傳統，發掘出各種新人。中學生黃明德在這樣的大環境下被唱片公司選中，簽約出道。2022 年他先後推出的三首新歌〈留班同學〉、〈沒有穿校服的日子〉及〈只想和你吃漢堡〉（成書時，仍未知該系列題材會否有後續，姑且老套稱之為「三部曲」），林若寧以黃明德的個人經歷，寫出了廣東歌之中不常見的角度。

黃明德不是大眾眼中的所謂「好學生」，甚至有留班經歷。幕後創作者無意打造一個老套的乖乖學生偶像，反而保留了他這種特質，讓他直接唱出自己遭遇的挫折。第一首歌〈留班同學〉連歌名都毫不避諱，直接點題。

它令人耳目一新之處，在於用非常真實的感受講出學生逆境中的失落，而不是強行去激勵或者帶出希望，淪為單邊打氣。這樣以自述口吻來寫的歌詞，在成年人題材中並不少見。或者從社會的角度，民眾更能夠接受一個成年人的無力沮喪，但不太想從這個角

度去了解一名學生。這某程度上或者也是大人看小孩的眼光，覺得他們不成熟，沒有把他們放在平等的位置去看。中學生的沮喪也可以非常現實和無助，他們對自我的認知也可以非常強烈。

　　林若寧多少了解過黃明德的心情，於是寫出這幾份歌詞。〈留班同學〉第一段已經在寫「我」留班兩級之後的感受，曾經熟悉的朋友離開了，新同學比自己年輕。歌詞中所嵌入的「班房」、「校友會」非常成功地活化了情境，令這種人事變幻和心理落差不再是空泛的情緒，而是變成了非常有臨場感的真實反應。

　　　低兩級變成同輩　　舊同學都又要失陪
　　　班房得我做炮灰　　前途被高低分支配
　　　一個人的校友會　　人人比我遲熟兩倍
　　　稱呼我做前輩

　　　光陰向着前　　階級不改變　　得我留在昨天
　　　隨新生進入來　　升班飛出去　　得我回到起點

　　　為每一天講再見　　但每一天都再見
　　　虐殺光陰的我有經驗　　任我今天討你厭
　　　玩笑給以後懷念　　別太早給這世界污染

黃明德版本〈留班同學〉

成功製造了這個情境之後，再深入下去挖掘主角的內心層次，說教味便比過去淡了很多。〈留班同學〉的另一個特色，是避開「未來」這個已經被用濫的課題，反而去思考每一個當下。「為每一天講再見」是一種重新破題的方法，對於流行歌詞來說，沿著固定的思考方式，只會讓敘事變得陳舊。當年輕人與未來幾乎永遠等同時，該怎樣去寫年輕人對時間的概念，以及對自身可能性的思考？〈留班同學〉把「現在」當成一個很關鍵的因素，同時也避免使用「把握當下」這種同樣老套的價值，落筆都在強調怎樣尊重自己的感受。這也讓〈留班同學〉聽來真摯。

　　2008 年，林若寧曾經寫過一次〈留班同學〉，這一份同名歌詞由周吉佩主唱。該作品與黃明德版本完全不同，可以歸於 Kidult 或者殘酷成年人世界類別一併討論。歌詞對學校「留班」生活僅限於回憶，重要的戲劇效果源於詞作中，演唱者「我」將疲憊工作的現狀與當年肆意的校園生活相對比，「留班」更像是將記憶留在青澀校園時，而不是真的寫「我」的留班生活。那些對現實生活的無力，也與〈Mr. Children〉和〈預言書〉所書寫的主題類似。

　　叫訓導次次生氣　公開試次次包尾
　　頭髮散沒有打理　上課似劫匪

到放學放肆嬉戲　班房裏暗裏打機
填滿的日記簿裏　永遠還記起

一工作便已改變　再不敢調皮
翻筆記又再記起　不經意下世紀

我　回憶中五甲班　我友誼去了不返
合作社都已拆散　青春故事　不可以揀
我　如今只有上班　卻緬懷每塊黑板
活到死不管早晚　始終掛念　當天那一班

周吉佩版本〈留班同學〉

Kidult 系列有明確的商業意圖，瞄準了剛工作的年輕人，他們曾經也一度是廣東歌的主力消費對象（相信 K 房是主力消費場景）。周吉佩版本展示出林若寧的技巧已經相當成熟，學生時代的回憶與上班族現狀的辛勞對比很清晰，也很分明。林若寧給出了明確的文字結構，他之後反覆使用這一主題或者類似的表達手法，可見市場有明確的需要——至少歌手有明確的需要。而黃明德的〈留班同學〉，似乎不是那麼「流水線工藝」，與同年份的其他歌曲放在一起有明顯的不同。林若寧由實（真實校園生活）寫到虛（留班生活的感悟），技巧非常圓熟，將情感寫得非常真實。詞人創作非屬自己世代的作品，很容易給人「過家家」

的觀感。〈留班同學〉成功避開了這一誤區。

〈沒有穿校服的日子〉也是極力在寫學生心事，更特別之處是寫 COVID-19 時期的學生心事，這種題材也不多見。2004 年，林夕曾經包辦過梁漢文的 EP《03/ 四季》六首歌詞，第一首〈廢城故事〉便是以日劇情節般的筆觸講述沙士期間一對情侶的故事，這也是廣東歌記錄歷史的經典之作。同碟還有另一首〈新聞女郎〉，則試圖從新聞主播眼中去回顧 2003 年香港所經歷的大事。這些歌顯然比同期純粹打氣支持的作品更加直接，或許也更加誠實。

COVID-19 在 2020 年至 2023 年期間，肆虐程度恐怕比沙士更甚。不過從歌詞來看，許多作品都在借題發揮，而非真的講疫情相關的現象。比如陳凱詠〈隔離〉（陳耀森、KW 朱敏希作詞），並不是真的在講因染病「隔離」，而是講與內心所愛的人無法連結。可能對許多市民而言，極度不幸的大事件實在太黑暗，不如就拋諸腦後選擇遺忘。但人們的生活方式就此遭遇大變也是事實，而歌詞就是一種非常重要的記錄方式。在校學生可能感受尤其深刻，大學及專上學生多數通過線上學習直到近乎畢業，中小學生也有一半的時間無法回復正常的課業及校園生活。

校園生活被抹去，一定是本地整整一代人值得書

寫的共同經歷。但本地流行音樂以此為主題的歌曲的確不多，至少，以差不多同期的移民主題對比，後者在數量上完勝。前者偶爾會出現隻字片語，比如黃偉文為林家謙寫的〈時光倒流一句話〉，「除非我有預知的超能力／能趁疫症不猖獗時的秋天／如常地邀約你／去洛磯山多瑙河休假充電」，但這也並非被疫情抹去的校園生活，雖則林家謙無疑是這幾年中學生最喜愛的本地偶像之一。

黃明德在這主題上得天獨厚，即便此時他才出道不久，仍非一個有號召力的歌星。他坦承自己曾留班的經歷，以及承諾一定畢業的態度，非常適合這樣的主題及敍事口吻。香港很久沒有學生身份的歌手，令校園題材在流行歌詞中長期缺席。「兩個偉文」為Twins寫的一系列「學生」歌曲，嚴格來說都只是早熟戀曲，校園是一個佈景板，重點仍然是虛構的戀愛，如同拍戲，確定主角之後，故事便按部就班上演。

一下子兩年時間都空白地流過
問我有幾耐幾耐不敢約人踢波
討厭返學的牽掛上堂
當暗戀的同學已分別　忙於網上功課

空了書桌　空了的訓練場
空了方向　任我想　想我活過　不過沒印象

不記得開學過　不記得畢業過　是怎過　怎過
不牽不掛光陰已無多　誰賠償結果

〈沒有穿校服的日子〉

〈沒有穿校服的日子〉是一次大包圍，先用「兩年的空白時間」留出一個空間，再來慢慢填空。填空的方式是去細數大家在校園中缺失的部分，先講日常細節，比如無法再踢波，只能網上做功課，無法回到課堂，也無法去訓練場操練；再講那些校園內的特殊儀式，比如畢業典禮，比如學生節及歌唱大賽。

不過，並非只是陳列這些活動的手法令歌詞有感染力，林若寧將抒情與敍述有鋪排地次第展開，亦加強了文字的力量。副歌重複使用「不記得」，強調了疫情讓平常生活遠離，因此那些平常的細節便更顯得珍貴。雖然歌手用了很多複雜的技巧如頻繁真假音轉換來演唱，但林若寧的措辭反而尤為平實，文字上的平鋪直敍，不想講大道理，也讓演唱者離聽眾近了一步。

有時會否流於說教真是一線之差。往往能打破世代隔閡的創作，都並非強行表達希望或者是打氣吶喊，只要真實呈現困境和疑惑，便已經足夠真誠。在填詞這樣的「命題作文」中，一旦要打氣或加油，歌

詞很容易變成口號，或是強行走「正能量」之路，都
會令人覺得生硬。林若寧這幾首歌詞抓得很準，可能
因為他從未懷疑過自己在歌曲中的位置，「林若寧」
這個創作人，本身便沒有傳道授業的包袱。他的特色
之一是有感而發，但無話非講不可。

　　這首歌詞的最後一句「Old school 到一起唱民
歌」在結構中也是一個非常獨特的轉折，與林夕所寫
的〈於心有愧〉（陳奕迅）最後一句「仍想你一家可
到齊」有相似的功能。兩句話都承載整首歌的情緒宣
洩，直到完結之前，以四兩撥千斤的方式讓所有的心
聲在略為意想不到的轉折中結束。是強顏歡笑也好，
故作輕鬆也好，黑色幽默更好，這種說話的方式，又
將兩位創作者連繫在一起了。

　　我們可以將其稱為一種「情緒落點」，這種手法
多數用在反覆數次副歌之後，在最後一句「破格」，
也是一種另類的總結。打破常規的內容，對聽眾是一
種新鮮的刺激。詞人需要把握尺度，即「落點」如何
讓人驚奇但不會造成情感上的冒犯。廣東歌之中常常
會見到這一技巧，有機會或可再單獨討論。

　　第三首〈只想和你吃漢堡〉的標題極為口語和
通俗，歌詞主題想要處理的卻是世代之間的價值觀分
歧。雖則點明是與「你」一起吃漢堡，但文字製造出

了一個奇異的角度。這首歌詞彷彿真正想要交流的對象不是「你」，而是想說給「我」和「你」的父母輩聽，整首歌行文像是一種旁敲側擊。

　　為何得出這樣的結論？從歌詞內容看，第一身敍述者「我」在對「你」講述校園戀愛所面對的困難，老師與家長不認同，無物質基礎，也不見得有未來。「我」用幾乎大部分篇幅在講述到底怎樣才是自己認定的幸福。但既然「你」和「我」相愛，似乎沒有必要將這些講給一個有同樣體驗的人聽。

　　「只想和你吃漢堡」的想像，是否算是對以後的憧憬及對未來的承諾？看內文詞意似乎也並非如此。常理來說，一方向另一方許諾豐盛的未來，對方才會回應「同你捱也很開心」。帶着這樣的疑惑重新閱讀歌詞，總覺得「我」應該是對長輩們表明心跡，在這一刻，新世代對幸福的憧憬到底是甚麼。「我」的世界裏，並沒有那些大人們的設想，純粹只是想和自己的另一半一起吃漢堡。

　　或者幸福很需要錢
　　原諒我加數不懂計算
　　愛不夠錢　但漢堡包還是吃之不會厭

　　在乎你　所有事情只得一個焦點

任明天　有甚麼東西會令情感也污染

年輕太好　就憑着愛勇敢挑戰父母
只要和你要好
糊塗地仰慕　鍾意便擁抱
就算分手最痛我們有分數
迷失要早　大人沒有那種衝勁亂舞
趁未曾古老
陪着你走錯路　做對匪徒
亡命派對也好　開心跳舞

〈只想和你吃漢堡〉

..............................................................

　　整首歌連接了林若寧為黃明德寫的前兩首派台
歌，作者在每首歌中都埋下了線索，歌詞很重視當
下，以及試着解答：甚麼才是「我」這一刻最珍重的
體驗。詞人在三首詞中所有的情感想像，都圍繞這一
答案。

　　我認為這就是創作時去描繪年輕人／未成年人／
學生／新世代的書寫核心，即作品中的價值觀到底應
該來自何處，如何放置。如果只是附身，或是奪舍，
都無法表達真實，只會寫出一種假象，或者一種說
教。流行歌如果變成教材，指導年輕人的人生，只會
把他們也催老，而未必可以帶來真的快樂。選擇黃明

德的這三首歌細說，因林若寧真實地呈現了一種年輕的自我，也真實地發展出屬於年輕人自己的自省。這不是每位創作者都可以做到。

# 百無禁忌

　　討論林若寧，Eric Kwok（郭偉亮）一定會持續出現。2022 年，二人合作了歌曲〈等埋你〉。最初，Eric Kwok 作好旋律之後向林若寧提出要求，寫一首只有他可以唱到的歌詞，並希望可以在 2021 年生日 2 月 3 日當天收到。

　　林若寧答應了，但讓 Eric Kwok 在生日時等了整整一天，第二天 2 月 4 日才將歌詞〈等埋你〉交給他。因為歌詞的內容實在太「大吉利是」，確實不適宜在生日時送出。這首歌對 Eric Kwok 來說，有齊他最喜歡的元素：浪漫、有意思、破格及幽默。唱片公司也未阻攔他演唱這首歌曲。

　　娛樂工業確實非常講究好意頭。或許因為見過很多「流星」，或者太多無法用客觀或科學道理解釋的事。投資人或者發行方常常要求片名、劇名、歌名、歌詞等相關用語或措辭避開特定主題或字眼。「死」一定是其中的忌諱之最。林振強曾經為夏韶聲寫過一首歌詞叫〈死前一刻〉，適逢夏韶聲女兒入醫院，林振強最後受他所託，將歌詞改為〈結他低泣時〉。

至於〈等埋你〉的主題，就是死亡。這不是討論抽象概念中純粹的「死亡」，而是以「死亡」當作情感的一個里程，或是一種度量，用死亡來呈現情感之重。如此的比喻方法不少見，〈等埋你〉的特別之處是以此做主題，用文字及意象圍繞周圍，不斷演繹，最後形成這樣一首作品。

　　娛樂圈對死亡的禁忌幾乎不分主題也不看形式。只要有類似的內容，除非一閃而過，或是以一種誇張的口頭誓約出現（如「愛你愛到死」），否則多數關於死亡的討論都難以進行。

　　2011 年，組合 Swing 推出迄今最後一張唱片《Swing 到盡》，宣佈拆夥。黃偉文填寫歌詞的〈那邊見〉放在唱片最後一首的位置。歌曲標題有意為之，製造出意猶未盡的效果。二子拆夥原因之一是因為陳哲廬打算重回加拿大定居。〈那邊見〉提供了兩種理解。一是平淡告別朋友移民的祝福，一是瀟灑面對死亡的人生總結。二者都有邁向下一階段之意，於是靠〈那邊見〉之名，製造出模棱兩可的曖昧，也沖淡了娛樂圈人眼中看來最諱莫如深的主題。黃偉文很擅長設置「進可攻退可守」的圍欄，他有強大的能量，對自己的作品幾乎擁有「最終解釋權」。

〈那邊見〉中，「那邊」是這首歌詞的 MacGuffin（麥高芬），是一個遙遠的撩撥人心的概念，也是被追逐的東西。黃偉文沒有真的寫出「那邊」是甚麼，倒是寫了各種「這邊」，以及面對「那邊」的態度。應該說，黃偉文對「死亡」還是繞行，講了不少生命中豁達的感受。

〈等埋你〉就更出格了。林若寧直接描寫了死亡的畫面，並幾乎把相關的意象寫進了每一句歌詞裏。歌曲的前半段，林若寧不斷地書寫各種死亡假設，積累能量，到了後半部分，才將歌詞的創作核心推到大家面前。雖然有死亡，也有誓約，可是〈等埋你〉絲毫沒有怨毒情緒，反而構建了一種深情的力量。歌曲的主角為了與伴侶一起，就算要面對各式各樣的死亡，也不算甚麼了。

> 瘟疫中病死　感冒菌互相細味
> 盼望有運氣　結伴坐解體客機
> 碌落山葬身雪地
> 冰雹中我都攬住你
> 齊暴吃　也共同暴肥
> 若胃病突然病發也同度鑽禧
>
> 天災死都要與你　饑荒死都要與你
> 怎麼死都約定你哪怕有違禁忌

擔心早一秒斷氣　照顧你再沒權利

在天國　難道捨得你

〈等埋你〉

.................................................................

　　反覆重提各種「死亡」，是為後半的談情累積。如果寫純粹的死亡的確很難讓大眾去反饋，但為了愛情發毒誓，似乎又另當別論。林若寧讓人見到了他百無禁忌的創作趣味。若將〈那邊見〉和〈等埋你〉兩首歌放在一起，便能看出對寫的效果。

　　無獨有偶，黃偉文與林若寧在此前也有其他類似的呼應。2001 年，〈活着多好〉（陳奕迅）是一首類似臨終囑託般的歌曲，黃偉文寫出了一種真假難辨的畫面，寄語生者的快樂更重要。十年之後，同樣也是陳奕迅的歌，林若寧寫了〈最後派對〉，大量臨場感的描繪，也強調了「悄然沉睡，這是自然程序」，從死者的角度為生者打氣。這是在討論純粹的死亡。果不其然，這兩首也都是陳奕迅相對冷門的歌曲，只供個別聽眾享受了。也還是陳奕迅，幾年之後又有袁兩半寫的〈一個靈魂的獨白〉，以彌留之際回首人生的角度，討論了生死的必然與無可奈何，其間有一句「我愛，你也愛，就會心靈重聚」，好像默默與〈等埋你〉的誓言相通。

說到底，〈等埋你〉與這些歌都不一樣。雖然滿篇「死」字，內容卻並不哀傷，完全是一篇另類的愛情宣言。也因為 Eric Kwok 與葉佩雯的愛情故事，這首作品最後變成了有半自傳氣質的流行歌：百無禁忌地用一種超脫的態度示愛。這種歌曲的可貴，在於為廣東歌輸入了一種並不常見的處世態度和價值觀。否則，往往聽眾只能附和少數幾種不斷重複的為人處世原則，以及幾種很固定姿態的喜怒哀樂。這種狀況在流行歌曲大量生產時最氾濫，也讓很多歌曲缺乏真摯情感。〈等埋你〉，以及本篇提到的其他歌曲，似乎又再現了林振強筆耕不輟時那種百花齊放的創作熱情。打破禁忌，打破傳統，這些說法看來並不陌生，但它們帶來的枷鎖卻比「死亡」本身沉重得多。

▲ **附錄**

林若寧
專訪

採訪：張書瑋（以下簡稱「**張**」）

受訪：林若寧（以下簡稱「**寧**」）

筆錄整理：林詠祺、張書瑋

---

**張**：在入行之前，有沒有想過自己會寫歌詞？

**寧**：我想我在小學六年級時開始對寫歌詞產生興趣，那時候林夕寫了Raidas《傳說》那一隻碟，〈傳說〉那首歌很有趣，我開始覺得歌詞是種頗有趣的文字，當時還沒想到自己要寫，但是開始對歌詞特別有興趣。

**張**：有沒試過「二創」，即是將一些歌詞改編，自己寫自己想要填的內容？

**寧**：其實我很懶，沒試過。當然小朋友時會改兩句歌詞去玩，那些總會有。但真的完完整整寫歌詞，從想到一個創意，再到要去表達，要去寫一句歌詞出來，真的直到我進了電台工作，去面對林夕時才有。林夕是我上司，那時他問我有沒有興趣寫歌詞，我說也有。但那時沒想過一定要入行寫歌詞，也沒有寫好一些歌詞，於是他就說：「如果你有興趣，不如找一些已經出版的歌試寫，再

給我看看吧！」我記得那時一次寫了五六首給他看，如此我才真正開始寫歌詞。這已經是我畢業之後，當時已經加入電台工作了。

張：大約是甚麼年份呢？

寧：我想大概是 98 年。

張：還記得當時改了甚麼歌嗎？

寧：我記得那時候改了王菲的〈當時的月亮〉，然後有張震嶽的，好像是〈秘密〉，我最記得是這兩首。還有那英的歌，我忘了是〈夢一場〉還是〈夢醒了〉。那時候有六首，我不是全記得。還有一首是范曉萱的，但我忘了是范曉萱的哪一首歌。

張：他覺得你寫得如何？

寧：至少「啱音」，林夕覺得是可以再研究一下的。

張：所以交了之後是不是有些訓練？

寧：可能他會告訴我，基本的格式例如押韻、音準，這些我能夠做得到，而深入些的，其實我也不是太記得他具體說過些甚麼，可能有些技巧方面的

事，如措辭那些可能也講到，但我不太記得他真的有甚麼評語，亦不是很有系統。不是「寫完給他，他講幾句，然後我再寫給他看」這種授課方式。我想大多是，我給他看過之後，大家在這些文字的基礎上去聊一聊，大抵是用這樣的方法溝通。

張：當時，在寫給他一些試寫的歌詞前，你是做甚麼職位？

寧：我應該入了電台做廣告撰稿員。

張：其後是先為商台的歌曲填詞，還是從音樂劇開始，或是從商業歌曲填詞開始？

寧：其實最早應該是電台的歌曲。卓韻芝找我，她有個廣播劇，叫做《初戀噂喳麵》。那時我跟她一起去做這個 project，我可能有幫她想一些故事。做了一部分，那時她好像要出一隻 EP。有些歌她可能原本自己想寫，但當時她趕不及寫。有些我就幫她先起了第一稿（註：〈自己發電〉及〈睡王子〉，收錄於《初戀噂喳麵》廣播劇原聲大碟）。但是真的自己拿整首歌去寫，應該是森美小儀他們有一個歌劇團的第一首主題曲（註：應該是指〈大明星〉），我第一次真的自己「發辦」、自己去寫就應該是那一首，我沒記錯的話。

張：我覺得音樂劇對你早期的作品而言，是一個很關鍵的創作階段。

寧：那個年代應該是去了電台做創意工作，很多時會參與一些 DJ 的 project，當時很喜歡去做一些有歌的 project。可能我就在他們附近，如果找我，不需要再與其他填詞人去溝通，又或者可能是我不用收錢去寫，對於預算的控制、溝通方面都較方便，所以他們會較常找我去寫。

張：你創作那段時間，例如寫一首歌通常要多久？

寧：說不定，我試過三四首一起寫。

張：過程是怎樣？

寧：寫歌劇團歌曲那時，要很快。一來就要三四首，因為他們需要有了歌詞才能排戲。但到後期，我已經開始接到外面的填詞工作，變相等於有些時候我真的開了三份文檔，哪首想到我就寫哪首。電腦屏幕對着三份電腦檔案，就是三首不同的歌詞，三首我都同時間在思考。這首我想到怎麼寫就先寫這首，想到那一首我又再寫一些。有時候他們告訴我可能一晚要完成兩三首歌，不過快慢也不一定，快就是這樣，慢則可能是兩三個星期才寫到一首。

張：所以你是晚上寫歌詞比較多？

寧：是的，我想我入行的時候，大部分時間都是放了工，可能回到家，可能食完飯晚上九點、十點才可以開始寫歌詞。

張：第一首寫給商業歌手、他們最後用了又出版了的歌是甚麼，還記得嗎？

寧：我真的不記得確實的年份，但我可以說兩首歌你去查。我記得第一首有人約我寫的，應該是陳曉東的歌。

張：有說你第一首是 2002 年寫給陳曉東的〈你那邊幾點？〉，是這樣嗎？

寧：應該不是了，應該遠早於這一首。我記得那一首歌叫做〈另一半〉，那首我不知道算我寫還是算林夕寫。因為寫完後，歌手去到錄音室，發覺其實唱不到。然後，林夕幫我當場很快地改了。那首歌出版之後署名是「小林」，應該有一半是我寫，有一半是林夕寫。〈另一半〉應該是第一次電台 DJ 以外的歌手找我寫的商業流行歌曲。

另一首應該是陳慧珊的歌，叫〈迷信〉，這一首歌是我完全獨立創作，由聽樣帶到構思主題到完

成都是自己處理。看〈迷信〉和〈另一半〉哪一首更早（註：〈另一半〉於 2000 年出版，〈迷信〉於 2001 年出版）。應該不是〈你那邊幾點？〉，〈你那邊幾點？〉已經是比較後的歌。

張：所以這兩首是比較早期的。從音樂劇到商業歌，當中是否有創作上的分別？

寧：那一定有的，因為音樂劇本身是很完整的，音樂劇的歌詞主要是去服務劇本，或者根據現場表達時的方向去創作，音樂劇已經有很牢固的框架在。商業的流行曲也有一個方向，但在這個大方向裏面，很多細節可以由填詞人自己處理。那就有這樣的分別。

張：你與歌手或者與監製的關係怎樣？你會比較有自主性嗎？或者一開始到後來的關係是否有變化？

寧：在我而言，與他們的關係，或是創作自由度的大小，由初出道到現在，分別不是太大。首先我覺得填詞人是一個半輔助性質的工作，它本身就不會完全自由地任由你去寫，因為就算多自由也好，甚至沒有確定的題目，但都會有旋律的局限。它不是讓我寫一篇新詩，我可以任意發揮，沒有局限地寫，它一定先有一個旋律，旋律寫出

來的時候一定帶有作曲人的情緒，有作曲人的感情在裏面，我不能違背它。（如）他寫那件事是很開心，我故意要寫到歌詞很慘，其實沒必要。可能創作者有一個思考的過程，監製可能想表達比較甜蜜的感覺，他就選一個比較甜蜜的旋律，那我沒理由接手之後寫出一首關於社會抗爭的歌詞。就算最後合作的唱片公司不去干預你的創作也好，你都會覺得那件事做出來很奇怪。除非你那件事做得很好，很甜蜜地可以寫到社會抗爭，如果能夠做到這樣，我覺得我不會排除。有時我面對限制也可能會想出一些比較頑皮的做法。但前設是一首旋律怎樣都會有個框架在，它本身有多少個音，我就要填多少個字進去。可能很多人還會跟我討論說，現在的詞為甚麼填得這麼密。那不關我事，音樂有多密，我就填多密的字，這都是一個框架，我覺得我一向都是在服務歌手、歌手的形象、歌曲的製作，視乎他們需要甚麼情感的歌詞，以及旋律的結構是怎樣，或者旋律體現甚麼情緒。我從來都不會覺得歌詞是大過這些事，我不會說一定要寫一首憤世嫉俗、很控訴式的歌詞，也不會不管旋律是怎樣，我都要這樣寫。因為我不覺得歌詞是大於旋律，而歌詞亦都不會大於歌手。作為音樂工業裏面的一分子，我不應該用一個這樣的角度去（想），「我份詞大晒喇啦，其他人（遷）就我」。

張： 你正職的工作和平時的時間是怎樣分配？哪邊會佔據你較多時間？

寧： 當然要看那段時間是否多歌詞寫。多歌詞寫的時候，可能每一天有一半時間是填詞。有時候一天的時間可能三分之一是工作，三分之一是填詞，剩下的時間可能是食飯和睡覺，很視乎歌詞數量多少。工作量最多時，我想最少都佔了一半生活時間填歌詞。

張： 甚麼時候開始，你填詞變成一件量產式的事？

寧： 年份我真的不太記得，那時候應該是金牌或者正東唱片公司簽下了我的歌詞版權合約。有了一個比較長遠的填詞計畫。按照合約，忘了可能一年還是兩年要我寫二十首歌，由那時開始，我就覺得我是真正在這個工業裏面的一分子，我應該要有固定的生產量。這個計畫裏面第一首應該是李彩華的一首歌（註：當時藝名李彩樺），我忘了那首歌叫甚麼名字（註：應指〈戀愛止痛素〉，收錄於李彩華第二張粵語大碟《戀愛精神》）。自此之後，唱片公司的 in house producer 會不時找我寫。

張： 大眾討論填詞風格時，似乎通常會將你和林夕

擺在一起討論你們兩位的作品，你是否覺得他在風格上或者創作上影響了你？或者，你開始寫歌詞的時候會寫甚麼主題？或者怎樣去呈現你想講的事？

寧：我先答林夕那題。老實說，由林夕活躍寫歌詞開始，即是 Raidas 年代，我成長階段的大部分時間，都浸沒在他的歌詞裏面。那時應該是八九十年代，也是他很高產的時候。很多流行歌曲都是他寫的。

作為一個年青人，聽大部分流行歌都是他寫詞的，而我又特別喜歡歌詞，所以他對我的影響不單是風格，還有他措辭運用的手法，以至我大部分人生觀都從那裏來。我人生裏面得到的所有知識，如果有十分之一從學校來，那其他的九成都是從歌詞來。無論是林夕看的書，他的價值觀，他的某一種哲學思想，他寫字的風格，他用的措辭，我想這些對我來說，都有根深蒂固的印象。就算不是寫歌詞，哪怕只是寫求職信，我都有了他的文風。我想我學的中文大部分都從他而來，一些我不懂讀的字，例如是「點綴」（zeoi3）還是「點綴」（zyut3），都是從他的歌詞學來的。所以他對我的影響不只是歌詞，而是我所有對文字的感覺，包括怎樣去拿捏一些文字，怎樣是好文字的標準，我全部是用他的尺去量度的。

我填詞的風格和他的風格是否一樣，我想還是留待別人去判辨。但我不排除寫歌詞的時候會推測他的想法——怎樣是好呢？林夕寫會否是這樣表達呢？我想從入行開始，甚至到現在，我都未擺脫到這一個準則。我無論刻意與否，其實都是被他的創作風格所影響的。

張：你覺得自己從一開始到現在的創作有沒有分階段？

寧：我想我填詞的分水嶺是在 2006 年，張敬軒的〈笑忘書〉，之前我是抱着完全服務的心態去寫，多數從商業上考慮。我當時完全不理自己要甚麼，像是在為了得到下一首的機會而寫，會不會流行，能不能派去電台播，我是在這種指導下寫詞。到了〈笑忘書〉時，心態上有了轉變，我會開始想一些代表自己情感的事，會將一些自己的情緒、情感放在裏面。如果要有一個較明顯的分水嶺，我想是這個。

張：將書名變成歌名是你的意思還是誰的構思？

寧：是我的意思，我剛才說過歌劇團的歌給我很大的劇本框架，而我可以在這個框架裏面很自由地寫，只要我能夠交代故事，其他的他們完全不會

干預我，甚至不會要我改。可能有些歌劇的歌不會出碟，你也不會知道那首歌叫甚麼名字，所以我可能隨便寫個行動代號，只要他們明白就可以，那時是很 free style。

張：所以你很喜歡昆德拉？

寧：是的。在那個時代，他的作品影響很多年輕人。但有時候，我運用一些書名去做歌名的時候，未必是將書裏的內容變成歌詞，我覺得那時那個作品名的意境很適合這首歌，就可能拿來用。

張：你怎樣看文學或者文化對你創作的影響？

寧：我想流行文化對我的影響，與一般流行文化對年青人的影響一樣。我不是特別對流行文化很有研究，或者很深入研究的人，但是那個年代的書，例如村上春樹、昆德拉、亦舒和張愛玲的小說當然看了很多。但我是不是為了要寫歌詞而閱讀他們的作品，然後有目的地去吸收甚麼營養，這種情況是很少的。那種營養是放在心裏面，就算我寫不寫歌詞也好，無論待人接物也好，工作也好，我都可以用得到。我從來沒有因為歌詞而去涉獵或者吸收一些文化。

張：在你的作品中，〈笑忘書〉是我特別有印象的，這首歌令我覺得有你的個性在內，好像是一個有活力的人，對我來說，聽這首歌像在跟你說話，有些歌你不會覺得填詞人跟你說話，但〈笑忘書〉這首歌，我是覺得你開始要和聽眾去溝通。

寧：我想在那個年份，這首歌是很特別的。我是比較幸運的一個人，我所有人生都是比較平穩，如果要選一個（低谷），如果人生有四季，我想那時是我的冬天。工作上遇到很多問題，人生也遇到一些問題。我工作之後，入行之後，在〈笑忘書〉之前的大部分時間，我沒有甚麼人生歷練可言，真的未試過遇到一些很大的挫折。當你沒有甚麼人生歷練的時候，你寫的東西就只是流於是一種⋯⋯又不能叫無病呻吟，但卻是一種設計出來的事。
在那一年，我真的覺得人生有一些像是〈笑忘書〉在說的事。當時我的心態和這首歌很接近。之前，我寫的歌詞，即使很努力也擠不出那些歌詞裏很慘的狀況，或者一些人生歷練的智慧都是虛構出來，就算有，我也是將別人的事變成歌詞。

張：從你一開始寫歌詞到你產量比較高的時候，那個過程好像同時又是香港流行工業變化很大的時候，一開始歌詞是比較具有普遍性，每一個

人都可以聽，慢慢變得比較去說歌手自己人生的過程，或者生命，可能填詞人和歌手的距離都近了，你會否有這方面體會，或者你同意這個看法嗎？

寧：之前我不知道作為一個填詞人，例如露叔，或者林振強，他們是怎樣與歌手溝通。林夕的方法可能我聽到多一點。但我寫歌詞時，甚至日常生活中，我本身不太喜歡溝通，認識我的人都知道我不太喜歡說話，所以我不會刻意與歌手談得很深入，如果他有甚麼要跟我說，我願意聽，或者他們會寫一些文字給我，我也很歡迎。在我看來，創作歌詞這個過程不是純粹自己寫完一些東西之後讓歌手來把我的作品唱出來。始終歌手是很重要的，我覺得一個歌手站出來唱一首歌，那首歌某程度上代表了他。所以他們有甚麼想法，我很願意配合，但是我是否一定要很透徹地了解歌手，又不是很需要。我會想歌手要說的話是否大眾想要聽的，或者大眾對他們的印象，未必是他們所想像那樣的。某程度上，我也是一個聽眾，怎樣看待一位歌手，和一般聽眾怎樣看待一位歌手是同一個角度。其實，作為一個聽眾，也不可能跟你聊三小時才去認識你，這些聽眾或者市民都是從歌手的台上表演或者平時訪問去認識他。我想保持這樣的距離，在這個位置去寫他們，除

非他們要求我一定要這樣寫他們的事，當然我試過像寫信佬一樣去寫他們心態，我寧願你告訴我一個大概，你想這首歌大概表達甚麼情緒，或者這首歌的故事是怎樣，我自己用我的角度去寫，不需要我跟他聊四、五小時。

張：如果他們當你寫信佬，你會否覺得綁手綁腳？

寧：不會，OK 的。我覺得我是工業的一部分，我不知道這樣說有沒有貶低填詞人這個崗位，但我覺得它是生產線的其中一部分。我做一杯檸檬茶，到底是檸檬重要還是茶重要，冰重要還是膠杯重要？我是整件事的一部分。我不覺得當有人告訴我「杯一定要這樣大」會影響我的創作。我想寫歌詞本身就是一種比較有虐待成分的創作，它不自由的，它一定被旋律局限。（如有人比較）填詞人比較自由還是作曲人比較自由，就算作曲人坐在我旁邊，我也不否認作曲人比較自由，因為他是負責去寫旋律，我是一定等到他的旋律寫好之後才創作。剛才我說他作了 120 個音，就會有 120 個字。我本身已經有這種局限，然後你說我再多一點局限，是否很困難，確是困難的。但在我角度看，困難我都做到，那是一個挑戰。

張：有沒試過先詞後曲？

寧：很少，沒試過。即使有些監製或製作人會直接說，你不如給我一句 hook line，我都會說我想不到，沒有音樂我就想不到那句子，你有音我便想到那一句句子給你。是的，一到了填詞，我就覺得很需要音樂。有時候，我即使想到一個很完美的詞彙，但不合旋律，即使作曲人自己都不介意說改一些音去（遷）就歌詞，我都覺得不好，我寧願歌詞（遷）就你的旋律，因為我覺得一定會想到用甚麼字代替。

張：你會否覺得可惜，假設想不到可以好過之前版本的字。

寧：我覺得創作本身就有很多犧牲，那不是妥協，我覺得是你要學會捨棄。創作就是你要用最多的時間、最盡的時間去揮霍的事。你要我一首歌寫十年，它總會好一點，即例如我現在回望十年前的歌，我現在要改，我一定會改得好一點。但那時候是這樣就是這樣，你不能要求那件事所有細節都完美，如果不完美，你就會覺得犧牲很大。那你問我只差一點就可以擺到一個非常完美的字進去，有沒有覺得可惜，當然會有。但是某程度上，你的工作、你寫的東西就是有這樣的情況存在。如果我非常介意這件事的話，不如去寫新詩，新詩可以無限制。你要接受一件事，寫歌詞不是你

完全百分之百去主導的。

張：當你面對以前寫過、但現在看起來不完美的詞，
會有甚麼感受？

寧：哎呀，那時為何會這樣手鬆，謹慎些的話，改了
那三個字會好很多，是這樣的感覺。但你說會不
會很大的（反應），首先我不太會回看很多以前
寫的歌詞，越寫得多歌詞，就聽得越少歌，我的
人生已經很多時間在流行曲裏面，其他時間全部
用來聽歌，我的人生就沒有了。我對流行曲的感
情已經足夠在我的工作上完全表達出來。所以我
很少回看自己的（歌詞）。偶爾聽到一首舊歌在
電台播放，（會覺得）嘩，都填得頗差。如果改
掉會好一些。那時會拿出來改，但改完之後純粹
是自己……

張：改完之後給自己看。

寧：在早年某個年份，不是很大負擔去寫歌詞的時
候，寫完歌詞錄好了，我都依然還會照改。可能
昨天錄完，我今天都會照改，就算知道沒辦法再
錄多次，但我還是要改。我很奇怪，我與填詞人
工作的關係是，我覺得我寫完一份歌詞，自己其
實不太需要理會外面的世界怎樣看它。我不會形

容我的歌詞是我的小孩，很多人會這樣形容作品與他們的關係，我不會這樣想，因為小孩你要養大他。我覺得我寫完這份歌詞，歌手錄完，那時已經完結，大家怎樣看它是大家的事。我看到的時候，如果這次這首寫得不好或者很普通，唯有下一首再寫好點，我會用這個心態去面對我的歌詞。

張：你是保存了所有歌詞的底稿，所以你之後會翻出來改？

寧：也不是，其實很多我都不見了。剛才所說我在正東寫的歌詞，我已經沒有了存檔，換電腦就不見了。我都要自己找，有些自己寫過的歌我都忘了。回看的機會其實真的很少。如果你說聽到歌曲，想到自己寫得不好的話，那找到就改，這種情況亦都不多。因為你要很留心聽，才知道哪些部分寫差了，你要寫好一點。

張：你怎樣看作為一個填詞人，與唱片公司也好，與歌手也好，以至與監製那種拉鋸。因為聽眾很有印象是林夕分享過他幫某些歌手寫歌的過程，重寫了很多很多次，我不知道你有沒有這樣的體驗。

寧：十常八九，他這麼厲害都要寫八九次，那我們要寫十幾二十次。有的，都多的。當然你會有氣餒的時候，到底歌手想要甚麼？可能有些不是簡單修改，有些可能是完全重寫，到底他想要甚麼主題，又說這又說那。總是有的。但這是個值得欣賞的創作過程，否則我也不會去入行。你要寫流行曲，就要跟不同的部門去合作。它某程度上是一個商品，你要跟不同的人去合作，就要妥協。當然我也會說，寫歌詞是很慘的，因為很多人覺得自己識字就去批評一份歌詞。有些唱片公司可能會拿一份歌詞去給剛巧路過的人看，問他有沒有感覺，他說沒有，你就要改，但那個人只是路過。填詞不同於設計，或者編曲，可能編曲很多人都未必懂得裏面的門道，所以無法去批評。但歌詞只是字，識字的人就會懂得批評。我覺得最糟糕的地方是，有時候不是說唱片公司、監製或者歌手去批評，我覺得他們都是專業人士。但有時候會找一些普通聽眾，因為覺得那首歌是給普羅大眾聽，要聽普羅大眾意見。可是普羅大眾在沒有聽整首歌的時候，他不懂得想像那件事是甚麼樣子，特別是創新的東西他不懂得消化。有成品他就會覺得這件事挺有趣，挺好聽，但未出來的成品，他只看文字有可能會不懂想像，但是有這些評論時，你已經要將某些有趣的事和細節犧牲掉，我想我最討厭是這一種修改。如果是唱片

公司或監製覺得這個字歌手唱得不好聽而想修改，我樂意接受這種意見。

張：其實某程度上將字脫離原曲，出來的矛盾是放在作詞人身上比較多，其實每位填詞人都承受不少坊間的評論，大家不喜歡一首歌，通常是說歌詞怎樣怎樣不行。

寧：這件事我是不太喜歡的，香港近年出現一種詞大於曲的傾向，很着重誰寫的歌詞，作曲人是不會問的，不知為何。一首歌紅起來之後，都是在問誰寫歌詞，卻不會問曲是誰寫的。我也是一個填詞人，填詞人的地位受尊重、受重視，我應該覺得開心，但我覺得這樣不是太健康。第二就是批評。如果一首歌不好，填詞人要承受的批評是多一點。但現在好聽的歌，也是歌詞受人稱讚多。我們其實也承受很多讚譽，一首歌紅了，受歡迎，都是先歸功填詞人。這件事它某程度上是公平的，但是否應是這樣？它公平不代表它正確。

張：我覺得矛盾點在，剛才你說填詞在整個過程中束縛比較多，但反而拿出來討論的是最多。

寧：是的，某程度上是不公平的，但它某程度上受讚

譽的機會也會多一點。聽眾很重視歌詞，所以才會這樣做。不過，只重視一份歌詞，不理其他的編曲、唱歌，這樣的流行音樂氛圍不會很健康。

張：你參與《林夕字傳》或者《In the Name of...》的文案，你要介紹歌曲時，你怎樣去看行家的作品？或者你會否留意其他人在做甚麼？

寧：越來越少，越寫得多就越少。留意樂壇動靜也是我在電台工作的一部分，但我私下已經比較少聽流行曲，很少。但是看別人的歌詞，我明白當中的難處，所以很少批評。我寫的林夕歌詞介紹，都不是說好還是壞，到底我有甚麼資格去批評他的歌詞好還是壞，只是將一些不為人知的小故事寫出來，rather 去批評那首歌寫得好不好。

這幾年歌詞比較受歡迎的時候，抨擊歌詞的人也特別多。在我看來，有些人將一些歌詞批評到體無完膚時，我會想這樣做是否必要？無論填詞人是誰，我覺得（抨擊的人）不明白難處在哪，如果我明白難處在哪，我不會用批判的角度去閱讀歌詞。當然作為聽眾，我也會感受到有些歌詞是很奇怪的。如果覺得歌詞不好可以不聽，無需要去批評，覺得這杯飲品不好喝，就不要光顧這間店，你罵到他結業沒意思。寫得越多，我就越明白寫歌詞難，以及填詞人在整個工業裏的位置，

與其他崗位的協調，如你剛才所說的拉鋸，最終的歌詞不是百分百依照填詞人所設想。我試過有一份歌詞寫了五、六稿，然後監製將五、六稿全放在一起，最後整首歌連韻都不押，結果那首歌的歌詞沒被人抨擊過，我為此也感到奇怪。但如果你用那份最後出街的歌詞去評論我寫詞的水準，那就很難討論。因為我事前並不知道監製最後用哪個版本。諸如此類的情況，當你越了解行業，就很難單一地只批評某一份歌詞。

張：過去填詞人與聽眾之間的距離好像比較遠，現在有社交平台，或者所有討論的氛圍，聽眾基本上像在你旁邊，他們會評論各種事，例如有聽眾錯誤地理解你寫的那份歌詞，你會怎樣回應？

寧：我不回應，其實我也看不到。因為首先我沒使用社交平台，除非有人會傳給我看，但其實我都盡量少看。我覺得我看完也沒有用，他改變不了我寫作方法，就算我這次寫得不好受到批評，可是下次寫歌詞又是另一件事。我寫歌詞的質素很浮動，作品的水準不一，有時推出的歌詞水準與其他作品可能相差很遠。我不是不想聽人們的建議，但我不知道怎樣把這些評論變成我的知識。評論聽得多了，你會越來越怕，或者在創作的時候，你不敢再用某一個字也說不定。這些事最好

由監製判斷，我不是不重視聽歌的人的感覺，他們的想法也很重要，不過我不太接觸人；其次我不想創作受到太多干擾，填詞本身已經頗多限制，如果再被這麼多意見限制，自己的創作空間愈來愈窄，會很難寫。

張：你說你不太接觸人是指現實中，還是指你不用社交平台？

寧：兩樣都是。我在生活中可以不出街，不識人，不打電話聯絡朋友。除了會用我女兒的 Facebook 看大家的世界是怎樣外，我沒有自己的社交帳號，我也沒有發佈任何東西，很少接觸這個世界。

張：可否分享你為何拒絕社交平台？

寧：其實社交平台本身給用家提供了一個空間，不停向全世界強調自己存在。我不太喜歡別人察覺到我存在。第二就是，我不喜歡留任何痕跡在這個世界上，但偏偏寫歌詞就已經留了痕跡，這個是我寫歌詞得到的副作用。我不希望借助寫歌詞成名，希望能保持沒人認識我的狀態，同時又能繼續寫歌詞，顯然已不可能，當你的作品被全世界聽到後，除非作品很不好，以至這個世界感受不

到它存在，否則就會留下痕跡。

大家現在覺得平台有霸權，呼籲要撤離Facebook。我很多年前已經有預感。當你不停對這個平台說自己的事，平台對每一個用家的認識甚至多過一個政府，怎會不是一個霸權呢。這很像你不穿衣服在大街大巷周圍走，然後說有人偷窺你。所以我從來不希望留任何痕跡。我想社交平台監控不了我，那我家人要用我也無法阻止，沒辦法。我不喜歡拍照也是同樣原因，就是我不想別人認得我。

張：這令我想起王菲之前說有一天希望你們忘了我。

寧：是的，那她就更難了。從我的角度，我覺得聽眾記得歌名，記得歌手就可以，不需要記得我。

張：但〈笑忘書〉後很多歌都有你的點滴在內，你好像存了一部分在這些歌裏面，你都無法避免。

寧：我喜歡歌詞，也喜歡流行曲。如果我要持續去做這個工作，不能只是不停將別人的事寫進一首新歌裏，這樣無法長久。我要隨着自己的成長，隨着自己觀點的轉變去寫歌，才能繼續下去。並非因為我想要向全世界表達甚麼，或者要影響些甚麼人。將自己的情緒和想法放進歌詞裏，是讓自

己繼續的方法，否則我可能無法寫到近千首歌。

張：說起存不存在這件事，其實改林若寧這個名的過程到底是怎樣？坊間是有說過，但我想聽你講。

寧：應該也跟坊間所說一樣。當時有首歌要推出，我和林夕正在談事情，突然有電話來，監製不停催我：「你怎樣署名呢？用自己的英文名 Riley 還是怎樣？」我覺得寫歌詞不應該署英文名，但也不太喜歡自己的中文名。我問林夕怎樣改，很快就想到我筆名也姓林吧，叫林 XX，然後打開本雜誌，看哪些字比較靚，「若」字很好，「寧」字很好，就是這樣。「快快趣趣」想個（名），那就「快快趣趣」，就是這樣，用了五分鐘。

張：但你沒想過這個（名）跟你很久。

寧：我覺得這個世界就是這樣，這個名字是一個寫詞的人，他沒一個很實在的存在。
別人叫林若寧，別人罵林若寧，我沒有感覺。或者罵我寫的一份歌詞，感覺會不同。如果你說這份歌詞寫得這麼差，我會認同，甚至內疚。但如果你批評林若寧這個人如何如何，我沒感覺。

張：即是你完全不當林若寧是你自己？

寧：不太當，罵 Riley 我會有感覺，林若寧對我而言
沒有感覺。

張：兩隻比較概念化的大碟《Threesome》和《In
the Name of...》誕生的過程是怎樣？這兩隻是
你寫的比較概念化的大碟，其他好像你不是做太
多概念化的事。

寧：早前為歌劇團寫的歌詞，對我來說其實已經是概
念化的事。第一次寫完整張唱片應該是鄧健泓的
《新居入伙》，我寫了全碟歌詞。後來這兩張碟就
是由我和林夕共同創作的。

張：唱片公司是否一開始已訂了主題，邀請你們去
寫？

寧：我是被通知的，許志安《In the Name of...》中
歌曲所涉及的人名不是我想的，歌詞全部用人名
來發展也不是我想的，我加入的時候，整個概念
已經確定了。在創作過程中，其實加入之後有沒
有林夕，或者另一位詞人來寫另一半歌詞，對我
來說沒有分別。唯一有一首歌（〈何慧愛〉）是我
們一起寫，我先寫主歌，然後林夕寫了副歌。
李克勤的《Threesome》，我參與多了一些。計
畫剛開始時，我已經加入了討論。但創作過程也

是我們想好之後，再各自寫完的。例如我寫一首歌給林夕聽，林夕就寫另一個版本的事，可能林夕寫了一首叫〈嫲嫲〉的歌，然後我就寫了一首叫〈富豪雪糕〉。跟着我寫一首〈冇〉，他就寫一首〈有為青年〉，就是這樣的合作。但事前沒有限定這十首歌要怎樣寫。

張：除了這些 case，有沒有很主動地用歌詞去回應另一首歌的情況？

寧：有的，有時候有遊戲性質的想法，例如〈悲歌之王〉，我聽到〈K 歌之王〉之後突然想到，改個名挺有趣，然後就寫了出來。類似的情形不只這一次，但現在一時間我不太記得有哪些歌。

張：大家討論「二創」這件事，對別人惡搞你的歌詞你怎樣看？

寧：就惡搞吧。一首歌製作出版之後就在一個公共領域裏面，除非你真的拿來繼續賺錢，那當然有問題，但如果大家有興趣改寫、惡搞或者二創，都可以。甚至有時我覺得如果一首歌沒人認識，是不會有人去惡搞的。一首歌是否被惡搞，或許會成為檢驗它是否成功的某種標準。我不介意被惡搞。而且我想任何人寫歌詞，可能都是經由「二

創」其他人所寫的歌詞開始，以此當作一種練習，我覺得完全 OK。

張： 你覺得現在寫歌詞，你自己認為的挑戰是甚麼？

寧： 時間，準時交到給人就是最大的挑戰。

其實我不是一個要不停表達的人，在我心裏有很多創意，（旋律）來到我手裏，適合就去表達，我沒有說一定要寫些甚麼，亦不會渴望寫甚麼，也不會將一個題材存在心裏，不寫就覺得很不值。

張： 現在串流聽音樂我知道改變了很多編曲人或者寫曲人的創作方式，例如一開始前奏要多長，寫詞方面有沒有甚麼改變？如唱片公司有否令你意識到串流聽歌的年代，你寫歌詞要做怎樣的改變？

寧： 我沒有被音樂工業的轉變或被發佈平台的轉變影響，不過也有一些迫於無奈的事。我剛入行的年代還有灌十首歌的唱片，唱片裏有些歌叫 side cut（非主打），我遇到這些歌是最開心的。因為那些歌不用派台，監製或唱片公司不是很介意你寫甚麼，以前有很多這樣的案例。我剛入行時，一遇到寫非主打歌就很開心，不用負擔那麼重。現在單曲成為了主要的發佈方式，可能一位歌手

一年做五首歌，五首歌都會派台，但未必會出一隻大碟。當我面對這些狀況時，到我手上有趣的旋律變少了，一些可以「玩一下」的機會少了，首首都要派台，卸掉自己壓力的機會也少了，對我來說發揮的空間變小了。

張：你有沒有想過要控制自己的工作量？

寧：其實填詞人很難控制自己的工作量，填詞人很被動。有人找我我就寫，沒人找我我就不寫，除非假如一個星期寫十首歌，數量多到真的負擔不起，否則我沒有刻意控制自己的工作量。我不覺得工作量多就寫得不好，一個月寫一首就會寫得好。我自認寫得最好的時候，是我很多歌詞寫的階段，我某一年曾寫出九十首歌詞，那個年代我想我會比較得心應手些。

張：當你進入這個工業時，其實是林夕和黃偉文最高產的時期（寧：現在都是），有沒有一些壓力，通常他們兩個被討論很多的時候，其他人常常會評論，例如誰是接班人等，對你有沒有壓力？

寧：首先我覺得我不是接班人。我沒這個壓力，當他們還是很有活力，歌詞也寫得很好時，為何要有接班人？接班人應該是青黃不接時才討論吧。假

如，到一個地步沒人寫歌詞了，他們兩個也不寫了，突然一群人湧現，或許接班人是一個話題。但他們兩個人還很活躍，兩個人都寫得很好，很起勁，產量也很高，為何要討論這個問題呢？就算他寫到 100 歲，你怎能夠說一個人 100 歲不可以寫歌詞？ 100 歲的人也有權可以寫到 12 歲人的心境。

張：這是一個假問題？

寧：為何要有一個接班人呢？如果樂壇是繼續讓他們二人寫，他們兩個都寫得很好，為何我們要有第三個第四個林夕或黃偉文呢？如果樂壇有四個人寫得好，就那四個，有六個就六個。我覺得在這個世界裏，不好的自然會淘汰，有一天若我寫得不好，自然有新人取代我，不需要有一個架構，不是總統做四年有人接班，不是這樣的。

張：你覺得寫歌詞對你來說是一件持續的事，還是你想有一日你會不寫？

寧：寫得到就寫，不會計算。沒人找你，你想寫也沒有用。在這方面，我沒有甚麼壓力。目前我仍然很喜歡寫歌詞，亦不覺得自己會厭倦，可能我不寫就沒人找。

張：寫歌詞這件事令你覺得享受的地方在哪裏？

寧：你問得很好，我沒想過這個問題。可能是從前我聽流行曲時，發現有些填詞人用文字寫出了非常有趣的事，我也想這樣做。寫歌詞本身已經讓人開心，比如我在一首歌裏很好地表達出我想講的事，這很開心；就算那件事不是我想說的，但如果我能找到一種很好的表達方法，我也開心；歌詞受人喜愛，我也開心。但最開心莫過於我寫出一首自己覺得能見得人的歌詞。

張：對於獎項這件事，你怎樣去定義？

寧：獎項對我來說是「無乜謂」，個人獎項更加⋯⋯用獎去肯定一首歌詞，這也值得開心，但不用頒獎給填詞的我。

張：你想人們當你不存在，但我們常常分享你的歌詞。

寧：對我來說，有些人做了一些事，需要研究，一種文學的研究，或者一種作品的研究，某程度上是必要的。我覺得這不是為了記錄我，是為了有一個完整的呈現。有一天假設沒有了廣東歌，還有一些資料大家可以找來看。在這個行業裏面你有

收穫，你也有責任令它完整。不是你訪問我有意義，而是有人願意去做一件這麼完整的事，去記錄我自己也很喜歡的文學，或者歌詞，我覺得這件事是最重要的。如果能夠令它完整，這並不會令我很痛苦。這是記錄這個年代的某一部分。

張：你自己創作時會不會有意識地放了自我在歌詞中間？

寧：創作的時候，真的只是很純粹去試着將一件事表達出來。我不會放自己太前，當然有些違背我價值觀的事我不會寫，但我也不會要求所寫的所有事我都認同，或者一定要將自己的事放在（歌）裏面。我也不強求我的歌詞讓人一眼就看出是林若寧所寫。林若寧風格不代表一定就是好的，我甚至不知道是否存在「林若寧風格」，我從來沒有去追求，也沒去檢視自己是否做出代表自己的風格。我覺得風格因應不同情況，都可以調整，只要不違背我的價值觀。

張：這兩年是唱片公司出的歌少了，還是他們的邀約少了？

寧：我相信歌詞的量一定比全盛時期少了，如我剛才所說，以前一年內常常會錄十隻歌的碟，如今很

多歌手每人一年可能只出四、五首歌，整體上歌曲的量不如以前多。另外，我覺得多了一些能夠自己寫歌詞的歌手。

張：其實你也寫過國語歌詞，你有沒有打算改變創作重心，例如多寫國語歌？

寧：有的，其實我現在有陸續開始寫一些國語歌，那種創作方式開闊了很多，始終在國語的語境裏，用字空間更大一些，這又是另一件有趣的事。

張：是否廣東歌比重會下跌了？

寧：也不是，對我來說，始終國語歌詞的工業體量更大，別人不一定要找你去寫，不是你很想專注寫國語歌就可以做到，所以在創作總量中都不是佔很大的比例。

張：你有沒有設定一些寫詞的目標要做，如想做的事、想寫的題材？

寧：想寫的題材一定有很多，但最重要是有合適的機會和旋律去寫，不強求。

張：你覺得現在香港創作環境是否變得差了？

寧：我想這一兩年一定是的，即寒蟬效應一定是有的，有某些事讓大家過分地驚慌。

討論一開始，我就說過不應該是詞人完全主導整件事，不是詞人想說的就一定要放進歌詞裏。創作也受工業和其他影響，我又不會覺得悲哀或者很憤怒。這個世界為何會這樣？但是我不會將這個狀況遷怒於行業或者歌手或者唱片公司，現在社會就是這樣。

張：現在有些人會去檢視你寫或者做過的事，有些很細節的事他們會覺得是在說甚麼，你會否擔心或者反感別人過分解讀你寫的東西？

寧：其實我不知道人們會如何解讀，但我經常覺得生產這件事，我擺了一個我的東西出來，評論已經與我無關。可能很多人對一個物件的滿足感源於對它的批評，是為求開心，那你就批評吧，罵完會開心那就罵吧。很多人現在去消費一樣東西是為了批評，或者留言，或者打卡，由他們吧，對我來說沒甚麼影響。

張：因為現在變相好像，你整了一件餅，上面有些忌廉，有些人會說那些忌廉是有特別意思，那些忌廉為甚麼要是這種顏色這種味道，現在人們很喜歡這樣看創作者的作品。

寧： 他們喜歡怎樣解讀，我也沒甚麼所謂。除非他們
　　　實在解讀到一件事是影響到我本人，我才覺得我
　　　要抗辯。我沒有寫過這些東西，我不覺得對我有
　　　甚麼影響。我在研讀杜甫的作品時，有沒有過分
　　　解讀他呢？可能杜甫沒想那麼多，可能都是後人
　　　過分解讀，你怎知道呢？大家願意去多投入一些
　　　熱情研究某些東西，我覺得這是一件好事。

# 後 記

林若寧是香港作詞人之中少數的隱匿者。

我實在無法忘記聽到〈笑忘書〉（張敬軒）時，從歌詞的字裏行間察覺到一種掀起布幔的感受。在這之前，林若寧對我而言像是一種「概念」，一個「定義」，他從未出現或者露面，於是聽眾／讀者無法抓住他，也無法想像他。〈笑忘書〉令我覺得他真實存在。

這是否我們去感受每一個創作者的必經過程呢？香港的流行工業被傳媒稱為「娛樂圈」，連創作者也需要背負（或者也有享受）娛樂的功能。許多成名詞人幾乎都是公眾人物，很多人都身兼多職，且有大量幕前工作。林若寧是其中少數，除了以文字面對聽眾之外，沒有任何公開形象的詞人。

當林夕和黃偉文達到了作詞人職業的頂峰成為明星後，他們之後的故事大家應該耳熟能詳了。大眾積極為他們創作各種趣聞與留言，為他們尋找接班人，甚至講出「青黃不接」這樣的論調。

林若寧以反其道而行的方式出發，也剛好因他選擇了一種另類的存在方式，我們似乎常常只可以遠遠地談論他，因為他既沒有社交平台帳號，也從不公開露面（2020年度的叱咤頒獎禮才破了例）。

這樣的一位創作者，試圖將創作與個人分開，幾乎將作品所有可以討論的空間都留給了歌曲和歌唱者，也許他不想變成一個公眾人物。

這有點回到了流行歌詞的本源討論，它應該被視為作詞者的自我反映，還是為他人作嫁衣裳呢？答案沒有所謂對錯，創作者自己可以選擇。甚至它也不是非此即彼，大多數作者都是在其間遊走，一聲兩聲也算是心聲。

於是林若寧留下了最大的曖昧。這種不確定讓人們很難以八卦的角度去分析他的歌詞，因為他沒有暴露自己的人生，他的作品也就無法從旁演繹，他也不是娛樂圈中人，儘管他第一份工在商業電台就遇到上司林夕，他還是與工業保持了一定距離。

試着在一本小書中講明作詞人林若寧是誰並不容易，我期望這不是一次冠名遊戲，而是真的由作品來呈現他的態度。整理之後，我發現他應該是第一位被好幾代廣東歌作品灌溉長大的詞人，歌詞是林若寧的語言和思考方式。所以，一切才由〈教我聽情歌〉開始。

　　也因為創作身份以外的他與「林若寧」的明確分割，對作詞人「寫信佬」身份的直認不諱，除了從第三身討論及分析作品之外，由他本人親自解釋自己的創作習慣和觀點這一部分便尤為重要。有的詞人在作品中把話說得很清楚，林若寧卻總是藏得太穩妥。訪問他的過程，很像是勸他從自己投下的影子裏走出來。非常感謝他的理解與支持，還有容忍與耐性，最後成形的訪談會支撐着他的作品，為他的聽眾留出一個非常從容的空間。並非想讓他親身解釋自己的創作，而是期望一切的討論不是空想和無謂的猜度。聽歌的人最無情，但最好也不是自作多情。

　　林若寧及他所代表的世代，在廣東歌極盛，乃至盛極而衰的年代長大。流行歌曲在他們的日常之中，是前景，也是背景。他，與其後的小克、梁栢堅等的作品，不單是作者面對自我或者服務歌手的作品，也是用來與其他人交流的方法。

　　譬如，林若寧有大量的歌曲標題，是在應和其他

歌曲和流行文化，甚至製造出一種「對話」感。他先後寫過〈月球上的人〉（陳奕迅）、〈撈月亮的人〉（楊千嬅）及〈月球下的人〉（李幸倪），先後寫過〈唯有愛隨身〉（楊千嬅）及〈萬般帶不走〉（古巨基），在張敬軒同一張大碟內寫〈願望樹上〉及〈櫻花樹下〉；陳少琪為張柏芝寫過〈忘了忘不了〉，後來林若寧也為許志安寫了一首，又寫了〈記得不記得〉（梁詠琪）與〈記得忘記〉（林峯）；黃偉文寫過〈零時十一分〉（梁漢文）當然是對林振強〈零時十分〉（葉蒨文）的回應，然後林若寧也用〈零時零分〉（容祖兒）回應了一次；他寫過〈如果橙會說話〉（蘇永康），又寫了〈如果牆會說話〉（李幸倪）。

這種與其他歌曲、與其他流行文化作品互文的方式不是林若寧首創，但正好是他反覆使用，並與聽眾同步邁進社交網絡時代，也記錄了近二十年從偏鋒到現已習以為常的措辭及溝通方式。他與他的作品，見證了民眾日常語言的不斷演變。他寫下的歌名（以及小克與梁栢堅所寫的——我總以為三人的創作風格極為不同，在創作年份卻屬於同一個世代），若妥善整理保存，日後一定可以成為廣東話歷史研究的重要黃頁，譬如，「七百年後」吧。

以此特色，林若寧的歌詞也不像他的前輩們那樣，過去「自上而下」的流行歌曲，由詞人佔據上游

來寫出歌詞的身位改變了，林若寧是在與聽眾平等且有來有往的語言位置，他也並非不用歌詞講道理，但絲毫不說教，林若寧不是一種「智者」的符號。他在通俗語言的海洋內拿取常見的廣東話元素，重排成一首首歌詞。

雖則，這些歌詞與六七十年代以後的廣東歌歌詞都同樣「文白夾雜」，但我卻認為，在這一階段，歌詞比其他流行文化體裁更忠實反映香港人如何使用文字，同期的電影及劇集對白，甚至舞台劇，都相形見絀。

如此氣氛之下，香港人對待歌詞也越來越嚴苛。他們看戲追劇時對人物台詞會否如此執着，不肯甘休？不，唯有在面對歌詞時，香港人對廣東話最為斤斤計較。林若寧就是在這樣的文化氛圍中成長為作詞中堅。

我想將他的創作過程，比喻為打造一面語言的鏡子，廣東話的鏡子。不超前，也不落後，與這個城市的喧囂一起並排向前。

# 林若寧

林若寧，原名龐健章，大學畢業後加入商業電台，經林夕引領，開始創作流行歌詞。2000 年首次正式發表歌詞〈另一半〉，與林夕合寫，筆名為小林，其後以林若寧為正式筆名開始創作，引起廣泛注意。

林若寧被認為是林夕首徒，他從不諱言林夕在創作上對他的影響，並對林夕作品瞭如指掌，曾於《林夕字傳》、《林夕字傳 2》中作出眉批。2006 年及 2009 年，林夕與林若寧先後在許志安《In the Name of...》及李克勤《Threesome》中合作包碟寫詞。2007 年，林若寧填詞的作品〈花落誰家〉（李克勤主唱）獲四台聯頒音樂大獎歌曲獎。2009 年，憑陳奕迅〈七百年後〉獲香港作曲家及作詞家協會（CASH）金帆音樂獎最佳歌詞獎。林若寧極少公開露面，坦承不想他人感受到自己存在，2020 年度叱咤樂壇流行榜頒獎典禮，他首度獲得叱咤樂壇填詞人大獎，罕有登台致謝，感言只有四個字：「多謝林夕」。

# 林若寧
## ——藏在歌詞後的人
*Lin Ruoning: Author Behind the Lyrics*

作者：**張書瑋**

責任編輯：**羅國洪**

裝幀設計：**Untitled Workshop**

出版：**匯智出版有限公司**
地址：**香港九龍尖沙咀赫德道 2A 首邦行 803 室**
電話：**2390 0605**
傳真：**2142 3161**
網址：**http://www.ip.com.hk**

發行：**聯合新零售（香港）有限公司**
地址：**香港新界荃灣德士古道 220-248 號荃灣工業中心 16 樓**
電話：**2150 2100**
傳真：**2407 3062**

版次：**2023 年 9 月初版**

國際書號：**978-988-76912-0-4**

**香 港 藝 術 發 展 局**
**Hong Kong Arts Development Council** 資助

香港藝術發展局全力支持藝術表達自由，本計劃
內容並不反映本局意見。